人物叢書別冊

新装版

人とことば

日本歴史学会編

吉川弘文館

まえがき

日本歴史学会が編集する『人物叢書』は、二〇二〇年（令和二）正月刊行の『徳川家康』により通算三〇〇冊になる。『人物叢書』を一括して配架している図書館の書庫や書棚を見ると、まさに壮観である。第一冊の『明智光秀』が一九五八年（昭和三三）に刊行されて以来、出版事業は営々と続けられ、六二年目にして三〇〇冊の上梓を迎えることができたのである。これは、何よりも執筆された著者、企画・編集を担った歴代理事、執筆者の原稿を査読し的確に指摘された評議員、出版に至るまでのさまざまな実務をこなす編集部と営業・販売を担当しずっと支えてくれた吉川弘文館、そして何よりも読者の皆様のご支援のお陰である。困難な刊行事業を六〇年を超えて続け、通算三〇〇冊を刊行できたのは、実に多くの方々の協力と援助の賜物と感謝申し上げるほかない。

一〇〇冊目が一九六二年なので刊行開始から約四年、一年平均二五冊という今からみると驚異的な早さで達成している。二〇〇冊目は一九九〇年（平成二）、一〇〇冊の出版に約二八年かかっている。そして三〇〇冊目が二〇二〇年、一〇〇冊の刊行に約三〇年を要し、二〇〇冊目を達成するのとほぼ同じ時間をかけて到達したことになる。『人物叢書』を企画立案し、約四年で一〇〇冊を刊行させた方々は、なんでこんなに時間がかかるのかね、と慨嘆されているかもしれない。なお、一九八五年には既刊本の体裁を一新して新装版を刊行し、以来その体裁で現在まで出版を続けてきたことも記憶しておきたい。

書籍出版を取り巻く環境の変化もあり、だんだん出版のペースが落ちてきているのはやむを得ない。私が日本歴史学会の理事をしていた二〇〇〇年から二〇〇六年頃は、年に一、二冊などということも多かった。執筆をお引き受けくださってから二〇年以上経過している執筆予定者に、失礼ながらご様子をうかがうという名目で催促をし、刊行の促進を図ったこともある。近年は、執筆者のご協力と理事会・編集部の熱心な働きかけもあって年に四、五冊のペースになり、刊行事業が順調に進んでいることは喜ばしい限りである。

日本歴史学会はこれまで、一〇〇冊目には記念として『肖像選集』（一九六二年）、二〇〇冊目には『遺墨選集』（一九九七年）を刊行してきた。今回は、三〇〇冊記念として『人とことば』を出版することにした。本書では、古代から二〇人、中世から二三人、近世から三一人、近現代から四三人、合計一一七人の人物を取り上げた。選択の基準は、『人物叢書』に刊行された人物だけではなく、今後取り上げるべき人物なども含め、多様な分野から多彩な顔ぶれが選択されている。「ことば」というとすぐに想起される「珠玉の名言」

に限ることなく、人物の人となりをうかがわせる言葉や政治上の重要な発言などが取り上げられている。その言葉が発せられた背景を読み解きながら、その言葉の意義を人物の生涯と関わらせて簡潔に叙述している。

時代が古くなればなるほど、人物の生々しい肉声に近い「ことば」を探しだすことは困難である。それこそ「片言隻語」のような、断片のような「ことば」を見つけだし、執筆されている人物もいる。「ことば」は原則として読み下しにし、さらに現代仮名遣いにして読者に読みやすくする工夫をしている。また、原文を確かめたい読者のため、その「ことば」が記されている史料についてはすべて出典をかかげ、可能なかぎり入手しやすい文献からとることにした。従来語られてきた人物像とは異なるイメージの「ことば」が取り上げられ、それを手掛かりに人物を見直す必要性を迫るものもあり興味は尽きない。また可能なかぎり肖像画を添えることも試みているので、「ことば」と肖像画の両面から、その人の肉声を想像するとまた本書の楽しい読み方となるだろう。

『人物叢書』刊行の辞」によれば、約三〇〇人の伝記として企画されている。当初の刊行意図からすると、その目標を達成したことになる。しかし刊行の辞には、三〇〇人では不十分でなお多数の人々の伝記が必要、とも記されている。また、本叢書に取り上げるべき人物の選択基準について、「日本歴史の上に大きな足跡を残した人々、もしくはある時代、ある階層を代表するような人物」としている。日本史学研究の発展とともに取り上げるべき対象も変わるし広がることから、ますます多様な分野や階層の人物を取り上げることになるだろう。人物が多彩になり、執筆者も多様になれば、なかなか同じスタイルの伝記を求めることは困難になるかもしれない。人物の評価は時代とともに変わるし、新たな史実も次々と見つかるだろうが、刊行された時点でもっとも「正確な伝記」、という基本線を守りながら、伝記出版の事業を継続してゆくべきだろう。

超高齢化社会を迎え、私を含め人間の一回限りの人生への関心は高くなっている。『人物叢書』の必要性と期待も、ますます高まることだろう。日本歴史学会は、まだ取り上げられていない重要な人物を多方面から発掘し、鋭意刊行を進める計画である。先人たちの「営営」たる努力の蓄積を踏まえ、本事業が「永永」となることを願ってやまない。執筆してくださる諸先生方、励ましてくださる読者、そして出版を担う吉川弘文館のさらなるご支援を心からお願いしたい。

二〇二〇年一月

日本歴史学会会長

藤田覚

凡例

一、人物名や時代区分は教科書に準拠した。
一、配列は、没年順、「ことば」の発言年次を考慮した。
一、史料原文は原則として読み下し、現代仮名遣いを基本とし、平仮名に改め、句読点をつけた。
一、全文仮名書きについては、意味のわかりやすさを尊重し、原則として漢字仮名交じり文で表記した。
一、欧文史料は、現代語訳のみ掲げた。
一、地名は、一般的な表記に準拠した。

人物叢書別冊

人とことば 目次

近現代

古代

1 雄《ゆう》略《りゃく》天《てん》皇《のう》（生年不詳—四七九　在位四五六—四七九）

『古事記《こじき》』『日本書紀《にほんしょき》』では大長谷若建命《おおはつせのわかたけのみこと》・大泊瀬幼武天皇《おおはつせのわかたけのすめらみこと》と記され、泊瀬朝倉宮《はつせのあさくらのみや》で即位、『宋《そう》書《じょ》』倭国伝《わこくでん》に登場する倭《わ》の五王《ごおう》のうち、最後の倭王武《ぶ》に比定されている。

大連《おおむらじ》等《たち》、民部《かきべ》広大にして、国に充盈《みて》り。皇太子《ひつぎのみこ》、地《しな》、上嗣《もうけのきみ》に居り、仁孝著《ひとをめぐみおやにしたがうみちあらわ》聞《きか》せり。……此《ここ》を以《も》て、共《とも》に天下《あめのした》を治めなば、朕《われ》、瞑目《し》すと雖《いうと》も、何《なに》ぞ復恨《またうら》む所《ところ》あらん。

大連たちの持つ民部は広大で、国に充満している。皇太子は皇位継承の地位にあり、仁孝は高く聞こえている。……こういう次第で、皇太子が家臣たちとともに天下を治めたなら、私は瞑《めい》目《もく》（安らかに死ぬこと）しても、どうしてまた無念に思うことがあろうか。

出典は『日本書紀』雄略二三年（四七九）八月丙子《ひのえね》条で、崩御《ほうぎょ》時の遺詔《いしょう》の一節である。文章全体は『隋書《ずいしょ》』高祖紀《こうそき》の遺詔を引き写したものだが、引用冒頭の大連云々は独自の表現になっている。

雄略天皇といえば、埼玉県行田市の稲荷山古墳《いなりやまこふん》出土鉄剣銘《てつけんめい》や熊本県玉名郡和水町《なごみ》の江田船山古墳《えたふなやま》出土太刀銘《たちめい》に「ワカタケル大王」の文字が見えることで著名で、従来の王を越える大王《だいおう・おおきみ》を名乗った最初の人物であった。『万葉集《まんようしゅう》』巻一第一番歌は雄略天皇の歌詠《かえい》、『日本霊異記《にほんりょういき》』上巻第一縁も雄略朝の話で、いくつかの古代文献では歴史の始まり、古代史上の画期と見なされている。『新撰姓氏録《しんせんしょうじろく》』（弘《こう》仁《にん》九年〈八一八〉成立、畿内一一八二氏の由来を記す）でも、多くの豪族が仕奉《しぶ》の始まりを雄略朝に求めている。

雄略天皇は、大連の大伴室屋《おおとものむろや》と渡来系氏族の東漢直掬《やまとのあやのつかのあたい》の二人に遺詔を告げ、大伴氏は雄略朝に宮門警備を担当しはじめ、民部、すなわち諸豪族の朝廷への奉仕・職務分掌の基盤となる貢納《こうのう》集団を領有した。また秦氏《はたうじ》・東漢氏《やまとのあやうじ》・西文氏《かわちのふみうじ》などの渡来系氏族の組織化も進んだ。大王号は高句麗《こうくり》、百済《くだら》でも使用され、大王号所称には急速な領域の拡大、国内支配の強化、近隣諸国の制圧、中国との積極的な外交などが背景にある。

『宋書《そうじょ》』倭国伝《わこくでん》によると、倭の五王のうち讃《さん》・珍《ちん》（応神《おうじん》・仁徳《にんとく》・履中《りちゅう》・反正《はんぜい》が比定候補）と済《せい》（允恭《いんぎょう》）―興《こう》（安康《あんこう》）・武（雄略）父子とは二つの王統と目され、複数の有力者、中央・地方豪族が倭王と拮抗《きっこう》する形で王権を支え、安定した世襲王権は未確立であった。しかし武＝ワカタケル大王＝雄略の段階では、倭王武の上表文《じょうひょうぶん》（四七八年）や刀剣銘にうかがわれる九州北中部から関東に及ぶ版図、朝鮮半島南部での軍事権付与の申請、倭王家に拮抗する葛城氏《かつらぎうじ》の制圧、大伴・物部氏《もののべうじ》などの家宰《かさい》的豪族や渡来系氏族による宮廷組織の整備など、倭王権《わおうけん》が大きく成長した。遺詔はそれを反映するものである。

（出　典）『日本書紀』上〈日本古典文学大系〉岩波書店、一九六七年
（参考文献）森公章『倭の五王』〈日本史リブレット人〉山川出版社、二〇一〇年

2 推古天皇《すいこてんのう》（五五四—六二八 在位五九二—六二八）

欽明《きんめい》天皇と蘇我稲目《そがのいなめ》の女《むすめ》堅塩媛《きたしひめ》の所生子で、異母兄弟の敏達《びたつ》天皇（宣化《せんか》天皇の女石姫《いしひめ》の所生）の皇后になり、その後即位、実在が確実な最初の女帝で、飛鳥時代の礎を築いた。

今朕《いまわれ》は蘇何《そが》より出《い》でたり。大臣《おおおみ》は亦朕《またわ》が舅《おじ》たり。……然《しか》るに今朕《わ》が世にして、頓《ひたぶる》に是《こ》の県《あがた》を失いてば、後《のち》の君《きみ》の曰《のたま》わまく、「愚《おろか》に癡《かたくな》しき婦人《めのこ》、天下《あめのした》に臨《きみとしのぞ》みて頓に其《そ》の県を亡《ほろぼ》せり」とのたまわん。豈独《あにひと》り朕不賢《われおさなき》のみならんや、大臣も不忠《つたな》くなりなん。

今、私は蘇我から出ており、大臣は私の叔父でもある。……しかし、今我が治世に、突然この県《あがた》を失ったら、後生の君主は、「愚かな婦人が天下を治めたために、急にその県を滅してしまった」と仰せられるであろう。また私ひとりの愚行では済まず、大臣も不忠《ふちゅう》とされよう。

出典は『日本書紀《にほんしょき》』推古三二年（六二四）一〇月癸卯朔《みずのとのうついたち》条で、大臣蘇我馬子《おおおみそがのうまこ》の葛城《かつらぎ》県（天皇の大和国直轄領の一つ）獲得要請に対する推古天皇の拒否の返答である。推古天皇の治世は、王族の代表者厩戸王《うまやどのおう》（聖徳太子《しょうとくたいし》。同母兄用明《ようめい》天皇と穴穂部間人皇女《あなほべのはしひとのおうじょ》〈欽明天皇と堅塩媛の妹小姉君《おあねのきみ》の所生〉の所生子）と、中央有力豪族の代表者蘇我馬子による「共議」「共輔《きょうほ》」の上に成り立っていた。推古三〇年二月に厩戸王が薨去《こうきょ》すると（法隆寺《ほうりゅうじ》金堂《こんどう》釈迦三尊《しゃかさんぞん》像光背銘《こうはいめい》による）、馬子は専権をふるい、葛城氏と関係する蘇我氏の「本居」葛城県封県《ほうけん》を要求する。

厩戸王は聖徳太子信仰に発展する超人伝説に彩られた人物で、推古朝の政治・外交・仏教興隆を主導したとされる。冠位十二階《かんいじゅうにかい》（推古一一年）は個人に賜与《しよ》、昇進例もあるので、門閥打破・人材登用《とうよう》の方策とされるが、蘇我本宗家《ほんそうけ》の馬子らは賜与対象外で、冠位を授与する側だった。遣隋使派遣は関与の明証がなく、馬子との世代差・政治力の違いを考慮すると、厩戸王の実像には再考を要する。

推古天皇は、皇后の時に私部《きさいちべ》という皇后の地位に伴う特別な部民《べみん》（隷属民）を創置し（敏達六年〈五七七〉二月甲辰《きのえたつ》朔条）、当該期の皇后は王族出身で、次の皇位を左右する政治力を有した。推古天皇の即位は、王族の世代、経済力・政治力に裏打ちされた朝廷の統率力、そして群臣《まえつきみ》の支持という当時の皇位継承の要素にかなうものであり、男帝と同様の権能を期待され、女帝だから、中継ぎの存在、実際の政治は担当しなかったというわけではない。そこで、右のことばに戻ると、これはそうした推古天皇の主体性、政治的判断を示す面目躍如たるものと言えよう。

（出　典）『日本書紀』下〈日本古典文学大系〉岩波書店、一九六五年

（参考文献）森公章編『倭国から日本へ』〈日本の時代史3〉吉川弘文館、二〇〇二年

3 天《てん》武《む》天《てん》皇《のう》（生年不詳—六八六）

（在位六七三—六八六）

舒明《じょめい》天皇とその皇后で皇極《こうぎょく》・斉明《さいめい》（重祚《ちょうそ》〈退位後に再び即位〉）女帝の所生子で、即位前の名前は大海人皇子《おおあまのおうじ》。兄天智《てんじ》天皇の崩御《ほうぎょ》後、その子大友皇子《おおとものおうじ》と皇位継承を争う壬申《じんしん》の乱（天武元年〈六七二〉）を起こし、近江大津宮《おうみおおつのみや》に拠る朝廷を撃破し、都を飛鳥《あすか》に戻して、律令国家の確立に邁進する。

凡《およ》そ政《まつりごとの》要《ぬみ》は軍事《いくさのこと》なり。是《ここ》を以《も》て、文《ふみつかさ》武官《つわものつかさ》の諸人《ひとびと》も、務《つと》めて兵《つわもの》を用《もち》い、馬に乗ることを習え。

およそ治政の要《かなめ》は軍事である。それゆえ文武官の人びとは、努めて武器を用い、馬に乗ることを習え。

出典は『日本書紀《にほんしょき》』天武一三年閏四月丙戌《ひのえいぬ》条で、翌年九月の閲兵に備えた準備を命じたものである。壬申の乱での経験を背景とするのか、天武朝には畿内武装化政策、すなわち京・畿内の官人《かんじん》・百姓に兵器や馬の準備とその点検のための閲兵を行うことが散見し、これは持統《じとう》朝、そして大宝令《たいほうりょう》制定直前の文武《もんむ》四年（七〇〇）まで見える。大宝令制ではこの方策は否定される。畿内の貴族・豪族に中央兵力・警察力を依存したもの、あるいは閲兵による官人秩序の形成や集団行動の訓練・儀《ぎ》仗制《じょうせい》（兵員が儀礼用の武具を帯びて高位者の威儀整飾に努める）の整備を企図したものであった。

天武朝には、壬申の乱で近江朝廷に拠る旧来の豪族を一掃し、「大王《おおきみ》は神にしませば……」（『万葉《まんよう》集《しゅう》』巻一九―四二六〇・四二六一番歌）を謳《うた》われる君主権の高揚・伸張を得て、フリーハンドで改革を進める環境が整った。天武四年に部民制《べみんせい》（倭《わ》王権の、王権への従属・奉仕体制）を廃止し、旧来の豪族を官《かん》吏《り》として編成するために、出仕法や考選のしくみを整え、同一三年八色《やくさ》の姓《かばね》（真人《まひと》・朝臣《あそん》・宿禰《すくね》・忌《いみ》寸《き》・道師《みちのし》・臣《おみ》・連《むらじ》・稲置《いなぎ》）で天皇を中心とする新秩序を作った。同一四年の新冠位制度は王族をも含み、天皇を中心とする官人社会の序列を示し、大宝令制につながる中央集権国家の骨格を体現している。

天武一〇年には飛鳥浄御原令《あすかきよみはらりょう》編纂を開始、風俗の唐風化にも努め、目に見える形での変革を進めた。天武五年頃から、律令国家の首都に相応しい都造りにも着手し、飛鳥の北方に広がる藤原京《ふじわらきょう》の地を整備し、最初の銅銭富本銭《ふほんせん》を鋳造《ちゅうぞう》するなど、都市生活や貨幣使用の基礎を作ろうとした。

倭国《わこく》から日本への国号変更も天武・持統朝と目され、天武天皇こそ律令国家「日本」の礎を築いた人物と言える（飛鳥浄御原令施行は持統三年〈六八九〉、藤原京遷都《せんと》は同八年）。天武一〇年代は目に見える大きな成果が結実した時期であり、「政要は軍事なり」は天武の経験と実績に基づく宣言であった。

（出　典）『日本書紀』下〈日本古典文学大系〉岩波書店、一九六五年

（参考文献）森公章編『倭国から日本へ』〈日本の時代史3〉吉川弘文館、二〇〇二年

4 元明天皇《げんめいてんのう》

（六六一―七二一
在位七〇七―七一五）

天智《てんじ》天皇の皇女、母は蘇我倉山田石川麻呂《そがのくらやまだいしかわまろ》の娘姪娘《めいのいらつめ》。草壁皇子《くさかべのみこ》の妃で、文武《もんむ》天皇、元正《げんしょう》天皇らの母である。文武天皇の没後に、その遺児首親王《おびとしんのう》（のちの聖武《しょうむ》天皇）が成長するまでの中継ぎとして即位したと考えられている。施政面では和同開珎《わどうかいちん》の発行、平城《へいじょう》遷都といった大事業を推進した。霊亀《れいき》元年（七一五）に高齢を理由に退位するにあたっては、首親王は年歯幼稚であるとして、娘の氷《ひ》高《だか》内親王（元正天皇）に譲位した。

方《まさ》に今、平城の地、四禽図《しきんと》に叶い、三山鎮《しずめ》を作《な》し、亀筮《きぜい》並びに従う。都邑《とゆう》を建つべし。

まさに今、平城の地は四つの神獣の配置が図書に記すところに叶い、三つの山が鎮めとなって、亀卜《きぼく》でも筮占《ぜいせん》でも適地とされている。都を建てるべきである。

『続日本紀《しょくにほんぎ》』和銅《わどう》元年（七〇八）二月戊寅《つちのえとら》（一五日）条に載せる平城遷都を命じる元明天皇詔の一

節である。四禽は四神で、東の青竜《せいりゅう》、南の朱雀《すざく》、西の白虎《びゃっこ》、北の玄武《げんぶ》。三山は、春日《かすが》山・奈良山・生駒《いこま》山の山々で、種々の占いでも平城が都の適地であるとしている。

元明天皇の即位後まもなくから遷都のことが課題となった。この詔の前段で、元明は藤原宮《ふじわらのみや》を用いることを考えていたが、王公大臣たちがみな遷都を勧めたことを述べている。天皇の代替わりごとに宮室を移すという慣行が意識されたのであろう。もっとも、即位時にすでに四七歳であった元明天皇の一代だけの都として予定されたかは疑わしい。平城宮の東側には東院と呼ばれる張り出し部分があり、首親王のための区画と考えられ、この東院を取り囲むように藤原不比等《ふじわらのふひと》の邸宅が大きく広がっていた。将来の天皇である首親王のための都という側面を当初から持っていたようである。

この遷都とあわせて、和同開珎が発行された。和同開珎は各種の造営事業で働く役民《えきみん》に功賃《こうちん》として支給された。功賃が支給される雇役《こえき》で集められる役民は京やその周辺に多かったと考えられる。そして、政府は銭による功賃の支払いが円滑に進むように、調を銭で納めたり（庸は京・畿内では免除されていた）、雑徭《ぞうよう》を実役の代わりに銭で納めることを奨励するなど、銭の流通を促進するさまざまな政策を行った。それらの諸政策が功を奏して、平城京造営の役民の多くは雇役で賄われたようである。雇役はそもそも、全国の正丁《せいてい》から歳役の代わりに納めさせた庸《よう》を用いて、京とその周辺から人夫を集めるシステムであったが、和同開珎の発行により、その財源に政府発行の銭が加わったのである。

（出　典）『続日本紀』一〈新日本古典文学大系〉岩波書店、一九八九年

（参考文献）渡部育子『元明天皇・元正天皇』〈ミネルヴァ日本評伝選〉ミネルヴァ書房、二〇一〇年

5 長屋王《ながやおう》（六七六カ／六八四カ—七二九）

高市皇子《たけちのおうじ》の子、天武《てんむ》天皇の孫。母は御名部皇女《みなべのおうじょ》（天智《てんじ》天皇の娘）。宮内卿《くないきょう》、式部卿《しきぶきょう》などを歴任して昇進し、藤原不比等《ふじわらのふひと》没後、大納言として政府の首班となり、その後、右大臣さらに左大臣となったが、天平《てんぴょう》元年（七二九）に謀反の疑いで自害に追い込まれた。平城京《へいじょうきょう》左京三条二坊に邸宅跡があり、大量の木簡が出土した。『懐風藻《かいふうそう》』には王の周辺で催された宴の詩が伝えられている。

伏《ふ》して二月四日の勅《ちょく》を見るに、藤原夫人《ぶにん》を天下皆大夫人《たいぶにん》と称《もう》せといえり。臣ら謹《つつし》みて公式令《くしきりょう》を検《かんが》うるに、皇太夫人《こうたいぶにん》と云えり。勅の号に依らんと欲《せ》ば、皇の字を失うべし。令の文を須《も》ちいんと欲ば、恐るらくは違勅《いちょく》と作《な》らんことを。定むる所を知らず。伏して進止を聴《き》かん。

二月四日の勅を拝見しますと、藤原夫人を天下の人々はみな大夫人と称せと仰せられました。私たちが謹んで公式令を調べますと、皇太夫人の称があります。もし先日の勅に従うと、令の規定にある皇の字を欠くことになり、令の文を採用すると違勅となることを恐れます。どちらに決めるべきか、伏して天皇の裁断を仰ぎます。

『続日本紀《しょくにほんぎ》』神亀《じんき》元年（七二四）三月辛巳《かのとのみ》（二二日）条に載せられた長屋王等の奏状《そうじょう》の一節である。この年二月に即位した聖武《しょうむ》天皇は、母である藤原宮子《みやこ》（文武《もんむ》天皇の夫人）を大夫人と称せと命じる勅を発した。これに対して、律令には皇太夫人とあるとして疑問を呈したのが、この奏状である。この疑問をうけて、天皇は先の勅を撤回し、文書では皇太夫人と記し、口頭では大御祖（おおみおや）とせよと改めて命じた。一度発した勅を一ヵ月余りで撤回するという、あまり例のない出来事であった。

天皇の勅と律令の規定のどちらを優先させるのか、という問いは、律令法や古代国家の性格をめぐる大きな問題にもつながる。建前では、律令は天皇を拘束するものではないはずで、このような疑問が出されること自体に、この時期の聖武天皇の権威の弱さがうかがえる。

この出来事をきっかけに、聖武天皇と長屋王の関係が悪化し、五年後の長屋王の変の伏線となったという解釈が古くからある。天皇を支えながら一族の光明子《こうみょうし》を皇后に立てようと図る藤原武智麻呂《むちまろ》ら四兄弟にとって、律令の規定を楯にとって天皇に異論を唱える長屋王の存在が煙たくなり、冤罪《えんざい》によって自害に追い込んだというものである。長屋王の変で自殺したのは、長屋王だけでなく、吉備《きび》内親王とその所生子であったことから、長屋と吉備の夫妻が政治能力でも血統でも最有力な皇親であり、二人の間の子たちが聖武天皇とその周辺にとって警戒すべき存在となったことが事件の要因であるとする見方が現在では有力である。それでも称号問題が天皇と長屋王との間に溝を作った可能性は高い。

〈出　典〉『続日本紀』二〈新日本古典文学大系〉岩波書店、一九九〇年

〈参考文献〉寺崎保広『長屋王』〈人物叢書〉吉川弘文館、一九九九年

6 弁《べん》正《しょう》（生没年不詳）

俗姓秦氏《はたし》、少年の時に出家し、大宝度遣唐使《たいほうけんとうし》（大宝元年〈七〇一〉任命）の数少ない留学僧として唐に渡った。ともに入唐《にっとう》した道慈《どうじ》（？―七四四）は帰朝し、仏教界を主導するが、弁正は帰国しなかった。

日辺日本《にっぺんにっぽん》を瞻《み》、雲裏雲端《うんりうんたん》を望む。遠遊遠国《えんゆうえんごく》に労《いたつ》き、長恨長安《ちょうこんちょうあん》に苦しぶ。

日の出るほとりに本国日本を見、遠く雲の中に雲の端《はし》を望み見る。日の出るあたりに日本があると思い仰ぎ見るが、雲がたなびいているのを見るばかりだ。遠く遊学《ゆうがく》して遠国《おんごく》の唐《とう》で辛苦し、長く忘れられない恨みを抱いて唐《とう》の長安で苦しんでいる。

出典は『懐風藻《かいふうそう》』（天宝勝宝《てんぴょうしょうほう》三年〈七五一〉成立の現存する日本最古の漢詩集）所収の五言《ごごん》絶詩「唐《もろこし》に在《あ》りて本郷《もとつくに》を憶《おも》う」である。大宝度遣唐使は倭国《わこく》から日本への国号変更を国際的に認知されるなど、安定した日唐関係を築き、唐文化の移入を本格的に推進する画期となった。弁正も帰国後の日本での活躍が期待されたはずである。

しかし、弁正は唐で妻帯《さいたい》し、朝慶《ちょうけい》・朝元《ちょうげん》の二人の息子を儲けた。留学脱落者で、詩文の「長安に苦しぶ」という述懐も、自業自得と言わざるをえない。しかし、日本人が日本を強く意識するのは、やはり海外にいて故国を思う時であり、弁正の詩句は日本認識の早い事例として注目したい。

ところで、弁正は囲碁も得意で、即位前の李隆基《りりゅうき》、すなわち玄宗《げんそう》（在位七一二―七五六）と親しく交わったという。弁正の次男秦忌寸《はたのいみき》朝元《ちょうげん》は霊亀《れいき》度遣唐使（霊亀二年〈七一六〉任命）に従って帰国し、次の天平《てんぴょう》度には遣唐判官《ほうがん》（四等官制の三番目）として唐に赴いた（天平五年〈七三三〉任命）。この時、玄宗は弁正との関係から、朝元を特に賞賜したというから、弁正と玄宗の交流は続いていたのだろう。

弁正は留学僧の役割を完遂できなかったが、皇帝との人脈づくりは日唐通交を支える役割を果たす。霊亀度の留学生阿倍仲麻呂《あべのなかまろ》が玄宗に仕えたのも、弁正の存在があってこそのものであろう。

なお、朝元の女《むすめ》は藤原清成《ふじわらのきよなり》の妻になり、種継《たねつぐ》を産んだ。種継は桓武《かんむ》天皇に寵愛され、延暦《えんりゃく》三年（七八四）に平城京《へいじょうきょう》から長岡京《ながおかきょう》への遷都《せんと》を推進、翌年九月に造都の途中で暗殺される。長岡京、また平安京《へいあんきょう》遷都（延暦一三年）では、山城国《やましろのくに》の秦氏の協力が大きく、種継の外戚《がいせき》（母方の親戚）としての秦氏、その所縁を築いた朝元の存在が注目される。弁正は奈良から京都への遷都につながる種因であり、歴史を大きく動かす隠れたキーパーソンであった。

（出　典）『懐風藻 文華秀麗集 本朝文粋』〈日本古典文学大系〉岩波書店、一九六四年

（参考文献）森公章『阿倍仲麻呂』〈人物叢書〉吉川弘文館、二〇一九年

7 藤原宇合《ふじわらのうまかい》（六九四―七三七）

藤原不比等《ふひと》の子。武智麻呂《むちまろ》・房前《ふささき》・麻呂《まろ》と並ぶ四兄弟の一人で、藤原式家《しきけ》の祖。霊亀《れいき》二年（七一六）に正六位下《しょうろくいのげ》で遣唐使《けんとうし》の副使に任命され、帰国後、常陸守《ひたちのかみ》、式部卿《しきぶきょう》などを歴任、神亀《じんき》元年（七二四）には蝦夷《えみし》の反乱に対して持節大将軍《じせつだいしょうぐん》となり、その功績により翌年に従三位《じゅさんみ》を与えられた。知造難波宮事、参議《さんぎ》、畿内副惣管《きないふくそうかん》、西海道節度使《さいかいどうせつどし》などを経て、天平《てんぴょう》九年（七三七）疫病《えきびょう》により参議で没。『万葉集《まんようしゅう》』『懐風藻《かいふうそう》』に和歌・漢詩の作品があり、文芸面での才能も示している。

昔こそ難波《なには》ゐなかといはれけめ今都引き都びにけり

昔には難波田舎と言われただろうが、今は都を引き移して都らしくなったものだ。

出典は『万葉集』巻第三、三一二番歌で、題詞に「式部卿藤原宇合卿の、使わされて難波堵《かき》を改め造りし時に作りし歌一首」とある。難波堵の堵は築地《ついじ》の塀のことである。藤原宇合は神亀三年に知造難波宮事に任じられ、天平四年三月に知造難波宮事藤原宇合已下《いげ》、仕丁《じちょう》已上《いじょう》の人々に物が与えられており、その頃に造営が一段落したようである。そして天平六年九月には難波京で宅地の班給《はんきゅう》が行われた。引用した和歌では都らしくなったことを詠じているのだから、宅地班給された頃かそれ以降に詠まれたとみるのがよいだろう。

難波の地域は、七世紀半ば、いわゆる大化改新の政治改革の舞台となり、天武《てんむ》天皇の時には副都として整備された。その後も歴代天皇はたびたび難波に行幸している。そして難波は瀬戸内海の水上交通の拠点であり、重要な津（港）であった。貴族らも経済活動の拠点を設けていたと考えられる。このため大宝律令《たいほうりつりょう》のもとで、摂津職《せっつしき》という特別な官職が置かれ、難波は単なる田舎ではなかった。昔は「難波田舎」といわれたというのは、新たな整備を行った宇合の誇らしげな気持ちの表れであろう。難波宮の遺構は、現在の大阪城の南に接する地域で確認されており、その中枢部分では七世紀後半の下層と八世紀中葉の上層とに分かれ、同じ地域に繰り返し営まれていた。

天平初年の時期にはさまざまな面で強権的な政策がとられ、特に新羅《しらぎ》との関係が悪化して戦争を考慮した外交が行われた。難波は畿内の西の拠点なので、その整備は、新羅との関係悪化が背景にあったものとみられる。天平四年に西海道や山陰道に節度使が置かれ、宇合は「警固式」を作ったという（『続日本紀』宝亀《ほうき》一一年七月丁丑《ひのとのうし》条）。天平九年には戦争の準備も進められた。しかし、同年には疫病が大流行して、藤原宇合を含む政府高官が相次いで没し、戦争準備は沙汰止みとなった。

（出　典）『万葉集』一〈岩波文庫〉岩波書店、二〇一三年

（参考文献）木本好信『藤原四子』〈ミネルヴァ日本評伝選〉ミネルヴァ書房、二〇一三年

8 聖《しょう》武《む》天《てん》皇《のう》（七〇一―七五六 在位七二四―七四九）

文武《もんむ》天皇の子。母は藤原宮子《ふじわらのみやこ》（不比等《ふひと》の娘）。名は首《おびと》。即位した当初は長屋王《ながやおう》が政権の中枢にあったが、天平《てんぴょう》元年（七二七）に長屋王が滅びると、藤原安宿媛《あすかべひめ》（光明子《こうみょうし》）を皇后に立て、藤原武智麻呂《むちまろ》ら四兄弟、さらに橘諸兄《たちばなのもろえ》（光明《こうみょう》皇后の異父兄）が天皇を支えた。国分寺《こくぶんじ》造営や大仏建立を命じるなど仏教を重んじた。没後にその遺愛品が東大寺《とうだいじ》に献納され、正倉院《しょうそういん》宝物の主要な部分となっている。

夫《そ》れ、天下の富を有《たも》つは朕《われ》なり。天下の勢を有つは朕なり。この富と勢とを以てこの尊き像を造らん。事成り易く、心至り難し。

天下の富を所有する者は私である。天下の勢いを所有する者も私である。この富と勢いをもって、この盧舎那仏《るしゃなぶつ》の尊像を造ろうとしているのであるから、ことがらは容易であるが、その精神が到達することは難しい。

『続日本紀《しょくにほんぎ》』天平一五年一〇月辛巳《かのとのみ》（一五日）条に記された聖武天皇の盧舎那大仏造営の詔の一節。天皇は、天平一二年に藤原広嗣《ひろつぐ》の乱が起きると、東国行幸に出発、以後約五年にわたって都を転々と遷し、紫香楽宮《しがらきのみや》でこの詔を発した。そして行基《ぎょうき》やその弟子たちの協力を得て造営が開始された。

大仏造営は、かつて天平一二年に天皇が河内国知識寺《かわちのくにちしきでら》で盧舎那仏を礼拝したのが発端という（『続日本紀』天平勝宝《てんぴょうしょうほう》元年〈七四九〉一二月丁亥《ひのとのい》条）。この盧舎那仏は知識という形で多くの人々が協力して造ったもので、天皇は自分もこのような仏像を造りたいと思ったのである。この大仏造営の詔のなかでも、自分の力だけでも大仏を造れるのだが、造像の精神は知識を集めることにあるとしている。そして、知識に参加する人には仏を礼拝することを求め、また財力のない者でも「もし一枝の草や一把の土を持って造像を助けようとする人があれば、それを許す」として多くの人々の参加を求めている。

聖武天皇は、同年一一月に恭仁京《くにきょう》に戻り、翌年には難波宮《なにわのみや》に遷都するが、遷都宣言以前に紫香楽宮に移り、大仏造営に傾倒した。しかし紫香楽宮付近で地震が相次ぎ、紫香楽での造営を断念して平《へい》城京《じょうきょう》に戻り、現在の東大寺の地で造営が再開された。天平勝宝元年には自ら出家して勝満の法号を名乗り、娘の阿倍内親王《あべないしんのう》（孝謙《こうけん》天皇）に譲位、太上天皇として事業を推進し、同四年に大仏は開眼した。大仏造営には反撥も多く、のちに橘奈良麻呂《ならまろ》は「東大寺を造りて人民が辛苦す」として失政の一つに挙げている。また東大寺を管理する組織として、造東大寺司《ぞうとうだいじし》という巨大な官司が設けられ、東大寺は政府直営の寺となった。知識による造像という聖武天皇の理想の通りには進まなかったようである。

（出　典）『続日本紀』二〈新日本古典文学大系〉岩波書店、一九九〇年

（参考文献）栄原永遠男『聖武天皇と紫香楽宮』〈日本歴史 私の最新講義〉敬文舎、二〇一四年

9 孝謙《こうけん》・称徳天皇《しょうとくてんのう》

（七一八―七七〇
在位 七四九―七五八〈孝謙〉
七六四―七七〇〈称徳〉）

聖武《しょうむ》天皇の皇女《こうじょ》、母は光明皇后《こうみょうこうごう》。名は阿倍《あべ》、高野《たかの》天皇とも呼ばれた。天平《てんぴょう》一〇年（七三八）に女性で初の皇太子《こうたいし》となり、天平勝宝《てんぴょうしょうほう》元年（七四九）に聖武天皇から譲位された（孝謙天皇）。光明皇太后との協力のもと、藤原仲麻呂《ふじわらのなかまろ》を重用し、天平宝字《てんぴょうほうじ》二年（七五八）に仲麻呂が支援する大炊王《おおいおう》（淳仁《じゅんにん》天皇）に譲位したが、光明皇太后が没すると淳仁・仲麻呂と対立し、天平宝字八年に仲麻呂を滅ぼし、淳仁を退位させて、自ら重祚《ちょうそ》した（称徳天皇）。重祚後は道鏡《どうきょう》を寵愛し、太政大臣禅師《だいじょうだいじんぜんじ》、法王《ほうおう》とした。

出家しても政を行うに豈障《あにさわ》るべき物《もの》には在《あ》らず。故《かれ》、是《ここ》を以《もち》て、帝の出家していいます世には、出家して在《あ》る大臣も在《あ》るべし。

出家をしても政治を行う上で何ら障害になるものではない。だから同じように、天皇が出家している世では、出家している大臣があるべきである。

『続日本紀《しょくにほんぎ》』天平宝字八年九月甲寅《きのえとら》（二〇日）条の孝謙上皇の詔《みことのり》の一節。藤原仲麻呂（恵美押勝《えみのおしかつ》）

の乱鎮圧を宣言し、道鏡を大臣禅師とすることを命じた。道鏡は翌年には太政大臣禅師、天平神護《てんぴょうじんご》二年（七六六）に法王となった。また同二年には、道鏡とは別に、法臣《ほうしん》、法参議《ほうさんぎ》の官職任命が行われた。出家が天皇として政治をする上で障害とならないことについて、孝謙はこれ以前にも述べている。天平宝字六年、道鏡を寵愛することを淳仁天皇から諫《いさ》められた孝謙上皇は、淳仁から権力を奪う宣言を行った。そのなかで、「政事は、常の祀《まつ》りや小事は今の帝（淳仁）が行え。国家の大事と賞罰は朕《ちん》（孝謙）が行う」として、出家の身で国家の大事を行うと明言したのである。

この孝謙による大権掌握宣言から約二年間、実質的に淳仁と孝謙の二人の天皇が並立したが、孝謙は太上天皇であった。藤原仲麻呂の乱が鎮圧された九月二〇日の時点でも、淳仁は天皇として存在していたが、孝謙は自らを天皇としている。乱の処理が進んだ一〇月九日になって中宮院《ちゅうぐういん》にいた淳仁天皇を引き出して天皇の位を退けて親王とすることが宣告され、淡路国《あわじのくに》公として移送された。建前からすれば、一〇月九日が天皇の交代の日付となるが、むしろ九月二〇日の詔の方が天皇であることの宣言といえる。天皇と太上天皇の区別が曖昧なところが八世紀の天皇のあり方を考える上で重要な要素である。なお、重祚した称徳天皇は、翌天平神護元年十一月に大嘗祭《だいじょうさい》を行っている。太上天皇から天皇に戻ったことを示す儀礼であるが、出家した身が行った大嘗祭として興味深い事例である。

（出　典）『続日本紀』四〈新日本古典文学大系〉岩波書店、一九九五年

（参考文献）勝浦令子『孝謙・称徳天皇』〈ミネルヴァ日本評伝選〉ミネルヴァ書房、二〇一四年

10 大伴家持《おおとものやかもち》（七一八?—七八五）

奈良時代の上級貴族・歌人。父は大納言大伴旅人《たびと》。延暦《えんりゃく》二年（七八三）には中納言まで昇り、四年に多賀城《たがじょう》で死去。『万葉集《まんようしゅう》』の編纂に深く関わり、大伴氏を代表する立場で詠んだ歌が多い。

仕へ来る　祖《おや》の職《つかさ》と　言立《ことだ》てて　授け給へる
子孫《うみのこ》の　いや継ぎ継ぎに　見る人の　語り次《つ》
ぎてて　聞く人の　鑑《かがみ》にせむを　あたらしき
清きその名ぞ　おぼろかに　心思ひて　空言《むなこと》も
祖《おや》の名絶つな　大伴の　氏と名に負へる　大夫《ますらお》
の伴《とも》

皇祖以来代々奉仕してきた先祖伝来の職務であると、特に言葉をかけてお授けたまわった子孫の、いよいよ継ぎ継ぎに、見る人が語り継ぎ、聞く人が鑑とすべき、勿体《もったい》ない清い氏の名であるぞ。軽挙妄動して、かりそめにも先祖伝来の名を絶やすな。大伴の氏として名を負った、ますらおたちよ。

『万葉集』「族《うから》を喩《さと》す歌」長歌《ちょうか》（巻二〇、四四六五番）の最後の部分である。天平勝宝《てんぴょうしょうほう》八歳（七五六）、聖武《しょうむ》上皇の死によって政情が不安になるなか、大伴氏の長老古慈斐《こしび》が朝廷を誹謗したとして拘禁された。そこで大伴氏嫡流として一族に対して自重を促し、天の日嗣《ひつぎ》と代々天皇に奉仕し受け継いできた「大伴」の名を絶たないようにと言っている。始祖がオホキミに仕えた役目を氏の名を負い継承していくという、神話を背景にもつ氏族制の奉仕のあり方を伝えている。

家持は養老《ようろう》二年（七一八）の生まれと考えられる。天平《てんぴょう》一二年（七四〇）には、内舎人《うどねり》として聖武天皇の東国行幸に従い、四年後に聖武の男子安積《あさか》親王が急逝すると挽歌《ばんか》を詠むなど、揺れ動く王権に関わっている。天平一七年に従五位下《じゅごいのげ》となり、翌年越中守《えっちゅうのかみ》に任ぜられ五年間国司《こくし》をつとめて多くの和歌を残し、さらに少納言、兵部少輔《ひょうぶしょうふ》をつとめた。家持は一族の自重を求めたのだが、この歌の翌年（天平勝宝九歳）には藤原仲麻呂《ふじわらのなかまろ》に反対する橘奈良麻呂《たちばなのならまろ》の謀反が発覚し、従兄弟の大伴古麻呂《こまろ》が拷問の中で死に、古慈斐も流罪となった。大伴氏は仲麻呂の専制に反対する側につき、緊迫の中にあった。

『万葉集』巻一七から二〇の四巻は、家持の歌日記と称せられる。大伴氏の軍事氏族としての伝統から兵部少輔に任命されたのだろうが、天平勝宝七歳の防人歌《さきもりうた》が八四首収められたのは、家持が兵部少輔として防人たちを難波《なにわ》で検閲し、記録したためである。

「春の野に　霞たなびき　うら悲し　この夕影に　鶯《うぐいす》鳴くも」（天平勝宝五年、巻一九、四二九〇番）にはじまる短歌三首は、春のもの悲しさと孤独感を詠み、「絶唱三首」として高く評価される。

（出　典）稲岡耕二『万葉集』四〈和歌文学大系〉明治書院、二〇一五年

（参考文献）橋本達雄『王朝の歌人2　大伴家持』集英社、一九八四年。鐘江宏之『大伴家持』〈日本史リブレット人〉山川出版社、二〇一五年

11 空《くう》海《かい》（七七四—八三五）

真言宗《しんごんしゅう》の開祖。讃岐国《さぬきのくに》（現香川県）多度郡《たどぐん》に生まれる。初め都に出て大学に学んだが、やがて仏道を志し出家、遣唐使《けんとうし》に従って唐に渡り、青龍寺《せいりゅうじ》（現陝西省西安市《せんせいしょうシーアンし》）の恵果《けいか》に密教を学んだ。帰国後、真言宗を開立する。唐では書や詩文なども学び、能書家としても知られる。三筆《さんぴつ》の一人。

良工《りょうこう》は先《ま》ず其《そ》の刀《とう》を利《と》くす、能書《のうしょ》は必ず好筆《こうひつ》を用《もち》いる。刻鏤《こくろう》、用《よう》に随《したが》って刀を改め、臨池《りんち》、字に逐《したが》って筆を変《へん》ず。字に篆隷八分《てんれいはっぷん》の異《い》、真《しん》行草藁《ぎょうそうこう》の別有《べつあ》り。写《しゃ》するに臨みて規《のり》を殊《こと》にす、大小一《だいしょういつ》に非《あら》ず。

優れた工人はまず仕事道具の刀を研ぐものであり、書の達人は必ず良い筆を用いるものである。彫刻には必要に応じて刀を改め、書をなすときは書体に応じて筆を替えるものであること、書体には篆書《てんしょ》や隷書《れいしょ》・八分《はっぷん》、楷書《かいしょ》・行書《ぎょうしょ》・草書《そうしょ》などの別があり、それぞれ書法が異なるものである。

空海の漢詩文集『遍照発揮性霊集《へんじょうはっきせいれいしゅう》』巻四「春宮《とうぐう》に筆を献《けん》ずる啓《けい》」より。空海が皇太子大伴《おおとも》親王

（淳和《じゅんな》天皇）に狸毛《たたげ》の筆《ふで》を献じた際の添え状である。皇太子からの求めに応じ、筆生槻本小泉《ひっせいつきもとのこいずみ》に筆を作らせて献上したもので、引用部分に引き続き、急な要望であったために筆を揃えられず、今後、入用の筆を見極めるべきことなどが記されている。年月は不明であるが、大伴親王が皇太子であったのは弘仁《こうにん》元年（八一〇）九月より同一四年四月までのことであり、弘仁三年六月七日には天皇（嵯峨《さが》）に狸毛の筆を進献しているので、それからまもなくのことであろう。ちなみに、嵯峨天皇に筆を献上したときには、空海は書体に応じた四種類の筆を献《たてまつ》っている。

空海に関することわざとして、「弘法筆《こうぼうふで》を択《えら》ばず」がよく知られているが、実際には空海は、このように道具をおろそかにすべきでないことを説いていた。

空海は、最澄《さいちょう》と並ぶ平安仏教の創始者として名高いが、それだけでなく多彩な才能を発揮した。なかでも書については嵯峨天皇に愛され、唐より持ち帰ったさまざまな雑書体を収録した『古今文字《こごんもじ》讃《さん》』や欧陽詢《おうようじゅん》筆などの諸書を献上したこと、内裏諸門の額を書したことなどが知られており、空海が最澄に宛てた「風信帖《ふうしんじょう》」などの真蹟《しんせき》も今に伝存している。

（出典）『三教指帰　性霊集』〈日本古典文学大系〉岩波書店、一九六五年
（参考文献）川崎庸之「空海の生涯と思想」『川崎庸之歴史著作選集2　日本仏教の展開』東京大学出版会、一九八二年（初出一九七五年）

12 菅原道真《すがわらのみちざね》（八四五―九〇三）

祖父清公《きよきみ》、父是善《これよし》と続く文人貴族の家系で、文章博士《もんじょうはかせ》（紀伝道《きでんどう》を担当する大学寮の教官の長）を歴任した。宇多《うだ》天皇の蔵人頭《くろうどのとう》（天皇に近侍し勅命の伝達、上奏の取次《とりつぎ》などを行う）になり、公卿《くぎょう》に昇進、次の醍《だい》醐《ご》天皇の下では左大臣藤原時平《ふじわらのときひら》と並んで右大臣になったが、昌泰《しょうたい》の変《へん》（昌泰四年〈九〇一〉）で謀叛《むほん》の嫌疑により大宰権帥《だざいのごんのそつ》に左降、筑前国《ちくぜんのくに》（福岡県）大宰府《だざいふ》で死去した。

学問の道は抄出《しょうしゅつ》を宗《むね》と為《な》す。抄出の用は稾草《こうそう》を本《もと》と為す。

学問の道は、抜き出し（抜き書き）が大事である。抜き出しの用途は草稿（下書き）を作る土台である。

出典は『菅家文草《かんけぶんそう》』巻七で、「書斎記《しょさいき》」と題する散文《さんぶん》（韻律や定型にとらわれない文章）である。道真は私塾「菅家廊下《かんけろうか》」の継承者として、幼少時から父の厳格な教育を受け、歴史と文学を学ぶ紀伝道の研鑽《けんさん》に励み、一八歳で文章生《もんじょうしょう》（定員二〇人、進士《しんし》とも）になる。この時、父是善は毎日のように詩作

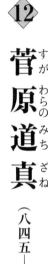

を課し、受験勉強を指導したという。島田忠臣《しまだのただおみ》の女《むすめ》宜来子《のぶきこ》と結婚したが、勉強漬けの日々で、妻子と睦まじく過ごす時間もなかった。二三歳で文章得業生《もんじょうとくごうしょう》（定員二人、秀才とも）に補され、二六歳で方略試《ほうりやくためし》（対策ともいう。最高位の官吏登用試験）を受け合格、三三歳で文章博士になった。

文章博士の定員は二人で、もう一人は道真の方略試の時の問頭《もんとう》（試験官）だった都良香《みやこのよしか》である。良香の文集『都氏文集《としぶんしゅう》』巻五には、その時の試験問題「氏族を明らかにす」「地震を弁《わきま》ふ」、『菅家文草』巻八には道真の答案が残され、道真は丁第《ていだい》（中上《ちゅうじょう》）、現在で言う「可」や「C」で、ぎりぎり合格の成績であった。しかし、方略試の判定は父是善も丁第で、これが通例、文系の学問の厳しさを示す。

「書斎記」は寛平《かんぴょう》五年（八九三）七月一日の作で、文中には、五条坊門にあった是善の「菅家廊下」の、自身の勉強部屋の様子が描かれている。

道真は、藤原氏の対抗馬となった政治家のイメージが強いが、漢詩・和歌の他に、『日本三代実録《にほんさんだいじつろく》』『類聚国史《るいじゅうこくし》』などの歴史書も編纂している。『類聚国史』は六国史《りっこくし》（律令国家編纂の六歴史書〈『日本書紀《にほんしょき》』『続日本紀《しょくにほんぎ》』『日本後紀《にほんこうき》』『続日本後紀《しょくにほんこうき》』『日本文徳天皇実録《にほんもんとくてんのうじつろく》』『日本三代実録』〉）の記事が内容別に分類され、政務の先例を知る実用書の性格もある。「書斎記」のことばは、史料を抄出してカードに取り、それを分類して物事を考え、文章にまとめるというすべての学問の基礎、とりわけ歴史学の研究方法に通じる。

（出　典）『菅家文草　菅家後集』〈日本古典文学大系〉岩波書店、一九六六年
（参考文献）坂本太郎『菅原道真』〈人物叢書〉吉川弘文館、一九六二年

13 宇多天皇《うだてんのう》（八六七―九三一　在位八八七―八九七）

光孝《こうこう》天皇の第七皇子で、班子女王《なかこじょおう》（桓武《かんむ》天皇皇子仲野《なかの》親王の女《むすめ》）を母とする。諱《いみな》は定省《さだみ》。臣籍降下《しんせきこうか》の経験を持つ唯一の天皇で、一八歳のときに父が皇位につき、兄弟とともに臣籍降下したが、それから三年後、父の崩御《ほうぎょ》直前に皇族に復籍し、次いで皇位についた。宇多天皇が天皇に選ばれた理由の一つとして、藤原基経《ふじわらのもとつね》の異母妹である尚侍《ないしのかみ》（天皇に近侍して奏請・伝宣などを掌《つかさど》る女官）藤原淑子《よしこ》の猶子《ゆうし》（養子）となっていたことが推測されている。その治世は菅原道真《すがわらのみちざね》など文人《ぶんじん》を重用し、のちに寛平《かんぴょう》の治《ち》と称された。三一歳にて皇子敦仁《あつひと》親王（醍醐《だいご》天皇）に譲位したあとに出家して法皇となり、真言密教の流派の一つ仁和寺御流《にんなじごりゅう》の祖となる。

春風秋月《しゅんぷうしゅうげつ》、もし異事無《いじな》くんば、神泉《しんせん》・北野《きたの》に幸《こう》し、且《か》つは風月を翫《もてあそ》び、且つは文武を調《ちょう》ぜよ。一年に再三幸すべからず。また大熱大寒《だいねつだいかん》は慎め。

季節の良い時期には、特別なことがなければ、神泉苑や遊猟の地である北野に行幸して、風月を楽しんだり文事や武事に励みなさい。ただし度を超すことがないようにしなさい。また酷暑

—や厳冬の時期は慎みなさい。

出典は『明文抄《めいぶんしょう》』巻二所引の『寛平《かんぴょうの》御《ご》遺誡《ゆいかい》』逸文《いつぶん》。『寛平御遺誡』とは、宇多天皇が皇位を第一皇子である醍醐天皇に譲る際に、天皇として留意すべきことを懇切に記して与えた書である。原文は伝わらず、後世に編纂された写本が伝わるほか、引用文のように、それに漏れて逸文の形でのみ伝わる記事も少なくない。このような教訓書としては、唐《とう》の太宗《たいそう》による『帝範《ていはん》』が知られ、また宇多天皇が範としていた嵯峨《さが》天皇も遺誡一巻を編んだと伝えられている。

天皇は即位後、関白《かんぱく》の職掌を説明するのに文章《もんじょう》博士《はかせ》橘《たちばなの》広相《ひろみ》が「阿衡《あこう》」の語を用いたことによって引き起こされた「阿衡の紛議」により、苦汁をなめさせられたが、その後は藤原基経の補弼《ほひつ》を得、基経亡きあとは菅原道真を抜擢して政治を運営し、権力空白期を乗り切った。

『寛平御遺誡』には天皇としての心構えから、政務や臣下の扱い、また桓武天皇の故事などさまざまなことが記されている。引用文のような風流・風雅を重んじる思想が醍醐天皇に受け継がれ、いわゆる「国風文化」の開花へとつながっていった。

（出　典）『古代政治社会思想』〈日本思想大系〉所収「寛平御遺誡」岩波書店、一九七九年

（参考文献）川尻秋生『揺れ動く貴族社会』〈全集日本の歴史4〉小学館、二〇〇八年

14 紀《きの》貫《つら》之《ゆき》（生年不詳〈八七二頃〉—九四五）

平安前期の歌人・官人《かんじん》。延喜《えんぎ》五年（九〇五）に初の勅撰《ちょくせん》和歌集『古今和歌集《こきんわかしゅう》』の撰者に選ばれ、仮《か》名序《なじょ》を記したほか、醍醐《だいご》朝（八九七—九一〇）から村上《むらかみ》朝（九四六—九六七）にかけて数多くの和歌を詠んだ。官人としては少内記《しょうないき》、大内記《だいないき》、土佐守《とさのかみ》、玄蕃頭《げんばのかみ》、木工権頭《もくのごんのかみ》などを歴任し、卒時は従五位上《じゅごいのじょう》であった。

をとこ（男）もすなる日記といふものを、をむな（女）もしてみむ、とて、するなり。

男も書くと聞いている日記というものを、女である私もしてみようと思って書くのである。

貫之が承平《じょうへい》四年（九三四）末から五年にかけて、土佐国司《とさこくし》の任を終えて帰京するまでの出来事を記した文学作品『土佐日記《とさにっき》』の冒頭部分である。『土佐日記』は、貫之本人として語るのではなく、その旅に随伴する女性に仮託してかなで記すという形がとられ、平安日記文学の先駆けとなった。自筆原本は伝わらない。しかし、貫之自筆本と伝えられていた写本を、藤原為家《ふじわらのためいえ》（藤原定家《さだいえ》の男《むすこ》。一一九八一二七五）が嘉禎《かてい》二年（一二三六）に、文字の字体も含めて原本に忠実に書写した写本が現存しており、それによって作者自筆本に近い形を知ることができる平安物語として、希有《けう》な作品でもある。

引用箇所は、右の現代語訳のように解されるが、それだけではなく「女文字《おんなもじ》（ひらがな）」という言葉が掛けられてもいる（ちなみに、藤原定家校訂本は「をむな《（女）》もしてみむ」の箇所を「をむな《（女）》もして心《こころ》みむ」と意改している）。『土佐日記』には、さまざまな諧謔《かいぎゃく》（ユーモア）や言葉遊びが込められているが、これもその一つであった。

『土佐日記』の主たる読者層には女性が想定されているが、帰京後まもなく執筆されたと考えるならば、たとえば藤原師輔《もろすけ》室勤子《いそこ》内親王のサロンなどが想定されるであろうか。土佐守在任中に長年仕えていた中納言藤原兼輔《かねすけ》が没し、帰京後は藤原師輔のもとに詣でていたという。勤子内親王は醍醐天皇皇女《こうじょ》で、音楽や書画に造詣が深く、源　順《みなもとのしたごう》に、いわば平安期の漢和辞書ともいえる『和名類聚《わみょうるいじゅ》抄《しょう》』を編纂させたことでも知られる。貫之は、かつて醍醐天皇の命を承けて、勤子内親王着裳《ちゃくも》（女子の成人儀礼）の際に用いる屏風《びょうぶ》に記す和歌を詠進《えいしん》したこともあった。『土佐日記』は、老年を迎えた貫之による、かな文学への新たな挑戦であったのであろうか。

（出　典）『土佐日記　蜻蛉日記　紫式部日記　更級日記』〈新日本古典文学大系〉岩波書店、一九八九年

（参考文献）目崎徳衛『紀貫之』〈人物叢書〉吉川弘文館、一九六一年。小松英雄『日本語書記史原論』補訂版新装版、笠間書院、二〇〇六年

15 藤原師輔《ふじわらのもろすけ》（九〇六―九六〇）

藤原忠平《ただひら》の次男、母は源能有《みなもとのよしあり》の女《むすめ》。九条右大臣と称せられる。娘安子《あんし》を村上《むらかみ》天皇の皇后とし、自らは右大臣にとどまったが、天皇の厚い信頼を得て、摂関家九条流繁栄の基礎を築いた。

夙《つと》に興《お》きて鏡に照らし、先《ま》ず形体の変を窺え。次に暦書を見て日の吉凶を知るべし。年中行事は、ほぼ件の暦に注し付し、毎日視るの次《つい》でに先ず其の事を知り兼ねて以て用意せよ。また昨日の公事、もしくは私に止むをえざる事など、忽忘《こつぼう》に備える為、また聊《いささ》か件の暦に注し付すべし。

早起きして鏡を見て身体の異変を確認したら、次に暦を見て日の吉凶を知れ。年中行事はこの暦に注記しておいて、毎日暦を確認してあらかじめ準備せよ。昨日の公事や個人的に重要な事項は、忘れないように、この暦に注記せよ。

家訓の書である「九《く》条《じょう》右《う》丞《しょう》相《じょう》遺《い》誡《かい》」の一節である。暦を見て年中行事の確認をし、昨日の公事のありさまをあとで確認できるよう暦に書き込めとする。行事の故実《こじつ》が作られ、日記が書かれ儀式次第が記録されていくことがわかる。さらに重要な行事や天皇の所在などは別に記せと言っている。一方で「人の行事を言うことなかれ。……人の災は口より出ず」と他人の批評については慎重である。

父忠平の時代に摂関政治のあり方がほぼ定まるが、忠平は師輔に自らの儀式作法を伝授しようと心がけたらしい。師輔は日記『九暦《きゆうれき》』とともに、別記（部類記《ぶるいき》）を作り、さらに『九条年中行事《くじようねんちゆうぎようじ》』という儀式書を作成し、兼家《かねいえ》・道長《みちなが》などの子孫に九条流の故実として継承されたのである。

師輔は、天暦《てんりやく》元年（九四七）に右大臣に進み、兄の左大臣実頼《さねより》が氏長者《うじのちようじや》で一の人であったが、師輔は「心広く」人望も厚く、「一くるしき二」と呼ばれた（『栄花物語《えいがものがたり》』月の宴）。天暦四年に村上女御《によようご》となっていた娘安子が生んだ憲平《のりひら》親王（冷泉《れいぜい》天皇）が立太子《りつたいし》し、外戚《がいせき》としての地位を固め、天徳《てんとく》二年（九五八）に安子が中宮《ちゆうぐう》になると、源高明《たかあきら》が中宮大夫《ちゆうぐうのだいぶ》となり、師輔は高明、安子との結びつきのもと、九条流の全盛期を導き、以後子孫が摂関の地位を独占することになる。師輔自身は摂関につくことなく、天徳四年に病により出家し、五三歳で没した。

師輔は文化面にも優れ、和歌は『後撰集《ごせんしゆう》』に入集しており、天暦七年の内裏菊合《だいりきくあわせ》の晴儀《せいぎ》をはじめ、歌合《うたあわせ》、物合わせなど、いわゆる「天暦の治」の文化面の発展にも寄与した。

（出　典）『古代政治社会思想』〈日本思想大系〉所収「九条右丞相遺誡」岩波書店、一九七九年
（参考文献）山中裕「藤原師輔の時代」『平安時代の古記録と貴族文化』思文閣出版、一九八八年

16 源《げん》信《しん》（九四二―一〇一七）

天台宗《てんだいしゅう》の僧。大和国《やまとのくに》出身、俗姓《ぞくせい》は卜部《うらべ》氏。九歳で比叡山《ひえいざん》横川《よかわ》に登り、良源《りょうげん》に師事し、法華《ほけ》経《きょう》を究めた。さらに『往生要集《おうじょうようしゅう》』を記して、浄土《じょうど》教《きょう》思想を説いて、観想《かんそう》念仏の理論を体系化した。

それ極楽往生の教行は、濁《じょく》世《せ》末代《まつだい》の目足なり。道俗貴賤《どうぞくきせん》、誰か帰せざる者あらん。ただし顕密《けんみつ》の教法は、その文一にあらず。……予がごとき頑魯《がんろ》の者、あに敢《あえ》てせんや。この故に、念仏の一門に依りて、いささか経論《きょうろん》の要文を集む。これを披《ひら》きこれを修むるに、覚り易く行い易からん。

往生極楽のための教えと修行こそは、汚濁にまみれた末世の人々を導く目や足である。僧侶も俗人も貴きも卑しきも、この道に帰依しない者はいない。ただし顕教といい密教といい、その教え説くところ同一でない。……自分のような頑《かたく》なで愚かな者は、どうして行うことができよう。そこで念仏の限られた分野につき、経や論から大切な文章を集めた。これを繙《ひもと》き修すれば、理解しやすく、修行しやすいだろう。

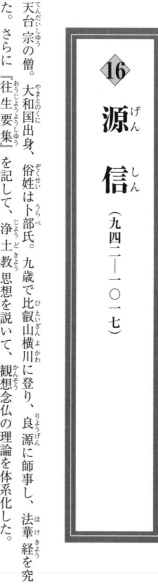

『往生要集』の冒頭の有名な文章である。寛和《かんな》元年（九八五）に完成し、厭離穢土《おんりえど》、欣求浄土《ごんぐじょうど》、極楽の証拠、正修《しょうしゅ》念仏、助念の方法、別時念仏、念仏の利益、念仏の証拠、往生の諸行、問答の料簡の一〇章に分けて、多くの経典から文章を集めた。浄土往生のための念仏実践の書であり、翌年には横川で「二十五三昧会《にじゅうござんまいえ》」という念仏結社が作られた。本書は念仏者だけでなく貴族にも大きな反響を呼び、源信は、長保《ちょうほ》三年（一〇〇一）に度重なる一条《いちじょう》天皇の召しで内裏仁王会《だいりにんのうえ》に参入して法橋《ほっきょう》に叙せられた。寛弘《かんこう》元年（一〇〇四）には権少僧都《ごんのしょうそうず》に任じられたが、やがて辞して横川に籠って、華台《けだい》院《いん》を建立し迎講《むかえこう》を始めるなど「浄土の業」に専念して晩年を過ごした。恵心《えしん》僧都、横川僧都と呼ばれた。

源信は、本書を博多に至った宋商に託して宋に送り、天台山国清寺《てんだいさんこくせいじ》に納められた。その後も中国仏教界と学問交流を繰り返し、自著を送ったり中国天台僧の書物に批判を加え宋僧からも返事が来るなど、国際的な視野をもっていた。また寛弘三年には『一乗要決《いちじょうようけつ》』を記して、法華一乗思想こそが真理であることを論じ、学識は浄土思想にとどまらなかった。『往生要集』の臨終や来迎《らいごう》の美しい表現や地獄の具体的な叙述は、浄土教美術の発展に大きな影響を与え、のちの法然《ほうねん》や親鸞《しんらん》は本書を学び、鎌倉時代の浄土宗の基礎ともなった。

（出　典）『往生要集』上下〈岩波文庫〉岩波書店、一九九二年
〈参考文献〉速水侑『源信』〈人物叢書〉吉川弘文館、一九八八年。川崎庸之ほか『往生要集　全現代語訳』〈講談社学術文庫〉講談社、二〇一八年

17 清《せい》少《しょう》納《な》言《ごん》（生没年未詳）

『枕草子《まくらのそうし》』の作者、女流歌人。父は三十六歌仙のひとり清原元輔《きよはらのもとすけ》。正暦《しょうりゃく》四年（九九三）から長保《ちょうほ》二年（一〇〇〇）まで一条《いちじょう》天皇の中宮藤原定子《ちゅうぐうふじわらのていし》に女房として仕え、才女の誉れが高かった。

「夜《よ》をこめて鶏《とり》のそら音《ね》ははかるとも世《よ》に逢坂《おうさか》の関はゆるさじ、心かしこき関守《せきもり》はべり」ときこゆ。

「夜通し鶏のうそ鳴きでだまそうたって、絶対に一線をこえることにはなりますまいよ。函谷《かんこく》関《かん》とはちがい厳格な関守がいます」と申し上げた。

有名な小倉百人一首の和歌であるが、『枕草子』「頭弁《とうのべん》の、職《しき》に参りたまひて」に記された藤原行《ゆき》成《なり》との機知に富んだやりとりの一節である。行成が夜ふけて退出したことを鶏の声のせいにしたのに対し、孟嘗君《もうしょうくん》が従者に鶏の鳴きまねをさせて函谷関を開けさせ脱出したという『史記《しき》』の故事をふまえて、清少納言が「孟嘗君のにや」と突っ込みを入れた。それに行成は「孟嘗君の鶏は函谷関をひらきて三千の客わづかに去れりとあれども、これは逢坂の関なり」（これは私とあなたのあう逢坂の関です）と後朝《きぬぎぬ》めかせた返事をし、それに対して切り返した和歌である。行成と清少納言の漢詩文の素養をふまえたやりとりは、学者の家の高階《たかしなの》貴子《きし》を母とし漢文にも通じた中宮定子の後宮《こうきゅう》が達成した文化レベルをよく示している。

『枕草子』は、①類聚的な章段（「うつくしきもの」「山は」など）、②随想的な章段（「春はあけぼの」など）、③日記的な章段に分けられる。③では、定子後宮の、父の藤原道隆《みちたか》政権下での絶頂と道隆死去後の中関白家《なかのかんぱくけ》没落の悲劇を、意識的に明るく輝かしく描いたところに特徴がある。

少納言は、康保三年（九六六）頃の生まれと推定され、一〇代で橘則光《たちばなののりみつ》と結婚し、天元五年（九八二）には則長《のりなが》を生んだが、やがて別れたらしい。正暦四年に中宮定子のもとで女房として宮仕えを始めるが、定子の強い要望があったらしい。長保二年の定子の死去までは宮仕えを続けたと考えられるが、その頃藤原棟世《むねよ》（南家《なんけ》真作《まつくり》流）と結婚し、夫の摂津守《せつつのかみ》任官に伴い任国に下向したことが知られる。

『枕草子』の文学的な価値はいうまでもないが、清少納言により達成された定子後宮の文化的な洗練は、藤原道長《みちなが》がそれに対抗して娘の彰子《しょうし》の後宮の発展をめざしたことにより、紫式部《むらさきしきぶ》、赤染衛門《あかぞめえもん》など優れた女房を輩出し、『源氏物語《げんじものがたり》』『栄花物語《えいがものがたり》』などの王朝文学の発展をもたらしたのである。

〈出　典〉『枕草子』上下〈新潮日本古典集成〉新潮社、一九七七年

〈参考文献〉岸上慎二『清少納言』〈人物叢書〉吉川弘文館、一九六二年。丸山裕美子『清少納言と紫式部』〈日本史リブレット人〉山川出版社、二〇一五年

18

紫式部《むらさきしきぶ》

（九七三頃—没年不詳）

『源氏物語《げんじものがたり》』の作者。父は文章生《もんじょうしょう》出身の下級貴族藤原為時《ふじわらのためとき》、母は藤原為信《ためのぶ》の女《むすめ》。父より学問を学び、夫との死別後、寛弘《かんこう》二年（一〇〇五）暮れより藤原道長《みちなが》の女である一条《いちじょう》天皇皇后（中宮《ちゅうぐう》）彰子《しょうし・あきこ》に女房として仕えた。「藤式部」が当時の女房としての呼び名であり、「紫式部」は、死後の呼称と思われる。「紫」は『源氏物語』の女主人公紫上に由来し、「式部」は父の官名「式部丞《しきぶのじょう》」に基づく。

この式部の丞という人の、童《わらわ》にて書《ふみ》読み侍《はべり》し時、聞きならいつつ、かの人はおそう読みとり、忘るる所をも、あやしきまでぞさとく侍しかば、書に心入《いれ》たる親は、「口惜《くちお》しう。男子にて持たらぬこそ幸《さいわい》なかりけれ」とぞ、つねに嘆かれ侍

この式部の丞という人が、小さくて漢籍を素読していました時、いつもそれを聞いていて、あの人はなかなか読めなかったり忘れてしまうところでも、私は不思議なほどよくできたので、漢籍に熱心であった父親は、「残念だ。男の子でなかったのは不運だ」と、いつも嘆いておら

し。

――れた。

『紫式部日記』の中の一節。『紫式部日記』は寛弘五年（一〇〇八）秋から翌年正月にかけての彰子所生皇子（のちの後一条天皇《ごいちじょう》）の誕生から産養《うぶやしない》、五十日《いか》等の諸儀までの記事のほか、同僚の女房等についての批評的記述などからなり、寛弘七年頃の成立と推測されている。

引用部分の「式部丞」は紫式部の兄弟である惟規《のぶのり》のこと。この逸話は寛弘六年正月の記事が書かれた後、誰かに宛てた消息文の体裁で記されている箇所に含まれる。直前には同僚の左衛門内侍《さえもんのないし》（橘隆子）より陰口をたたかれ、「日本紀の御局《にほんぎのみつぼね》」というあだ名を付けられたという話が記されている。これ以前、紫式部は『源氏物語』を執筆したことがきっかけとなって、彰子のもとに出仕することになった。しかし宮中にはあまりなじめなかったらしい。なかには紫式部が漢籍に造詣の深いことをあざける者もいた。紫式部はできる限り目立たないようにしていたが、やがて彰子にこっそりと『白氏《はくし》文集《もんじゆう》』の講読を行うようにもなっていった。

式部がどのような思いを込めて、こうした回想を記したのか、想像することしかできないが、当時の後宮や貴族社会における教養・教育のあり方を伝える重要なエピソードである。

（出　典）『土佐日記　蜻蛉日記　紫式部日記　更級日記』〈新日本古典文学大系〉岩波書店、一九八九年

（参考文献）今井源衛『紫式部』〈人物叢書〉吉川弘文館、一九六六年

19 藤原道長《ふじわらのみちなが》（九六六―一〇二八）

平安時代中期の左大臣、兼家《かねいえ》の五男。一条《いちじょう》天皇から後一条《ごいちじょう》天皇にかけて天皇の母方の外戚《がいせき》として政治を主導したほか、文化面でも貢献した。以後摂関は頼通《よりみち》・教通《のりみち》と道長の子孫に限られていく。

この入道殿は、いと若くおはします御身にて、「影をば踏まで、面をや踏まぬ」とこそ仰せられけれ。

道長公は、ごく若くいらっしゃる御身で、「影など踏まないが、面をば踏まずにおくものか（上位に立って面目を失わせてやる）」と仰ったことでした。

『大鏡《おおかがみ》』道長伝に伝える、道長若き頃のエピソードである。父兼家が、頼忠《よりただ》の息の公任《きんとう》が何事にも優れているのをみて、「我が子どもの、影だにも踏むべくもあらぬこそ口惜しけれ」と自分の子どもは公任の影も踏めないと嘆いたのに対して、道長が言い放った言葉であり、その豪胆さを伝える。

道長は、一条天皇の時代、兄の道隆《みちたか》、道兼《みちかね》の摂政関白《せっしょうかんぱく》のあと、長徳《ちょうとく》元年（九九五）に権大納言で内《ない》覧《らん》となる。以後、三条《さんじょう》天皇の代も関白就任の要請があったものの拒んで、左大臣として一上《いちのかみ》をつとめた。後一条天皇が幼少で即位するにあたり摂政、元服式のため太政大臣《だじょうだいじん》を短期間つとめ、娘の彰《しょう》子《し》・妍子《けんし》・威子《いし》を天皇の后《きさき》に立て、寛仁《かんにん》二年（一〇一八）に有名な「この世をば」の望月の歌を詠んだ。

道長は外戚関係に基づき、専制的に権力を振るったように考えられがちだが、実際には摂関についたことはほとんどなく、一上・左大臣に固執していて、太政官《だじょうかん》機構の頂点にあって政治を行った。その中心は陣定《じんのさだめ》という公卿《くぎょう》が集まって合議することで、これを自ら参加して主導した。また政《せい》といって中納言《ちゅうなごん》以上の公卿が一人で申請を決裁する政務もあり、こうした公卿の合議と分担を一上と内覧として統括したのである。また叙位《じょい》と除目《じもく》という天皇御前で行う人事は、道長はほぼ毎年執筆《しゅひつ》の大臣をつとめており、一条天皇の信頼はきわめて厚かった。

陽明文庫《ようめいぶんこ》に自筆本の『御堂関白記《みどうかんぱくき》』が一四巻伝わる。書き方は省略・当て字など多く、細かいことにこだわらない性格が現れている。死去直後に『栄花物語《えいがものがたり》』が女房を中心に執筆されたことは人望の大きさを示すだろう。実資《さねすけ》や行成《ゆきなり》など有能な公卿が輩出し、道長の政治を支えた。文化面でも、漢詩文の愛好や法成寺《ほうじょうじ》の造営などの仏教面で貢献したが、何よりも一条天皇中宮《ちゅうぐう》となった彰子の後《こう》宮《きゅう》を充実させて、優秀な女房を集め、『源氏物語《げんじものがたり》』など王朝文学の誕生を援助したことが大きい。

〈出　典〉『大鏡』〈新編日本古典文学全集〉小学館、一九九六年

〈参考文献〉山中裕『藤原道長』〈人物叢書〉吉川弘文館、二〇〇八年。大津透『日本の歴史06　道長と宮廷社会』〈講談社学術文庫〉講談社、二〇〇九年

20 藤原行成《ふじわらのゆきなり》（九七二―一〇二七）

平安時代中期の公卿《くぎょう》。祖父は藤原伊尹《これまさ》、父は右近衛少将《うこのえのしょうしょう》義孝《よしたか》、母は源康光《みなもとのやすみつ》の女《むすめ》。勤勉な頭弁《とうのべん》、公卿として道長を支えた。有職故実《ゆうそくこじつ》や漢学に明るく、その書は優雅かつ端正で、三蹟《さんせき》の一人である。

我朝は神国なり、神事を以て先と為《な》す。中宮《ちゆうぐう》正妃たりと雖《いえど》も、已《すで》に出家入道せらる。随《したが》いて神事を勤めず。殊私《しゆし》の恩有るに依りて、職号《しきごう》を止むることなく、全て封戸《ふこ》を納めるなり。重ねて妃を立て后と為し、氏の祭を掌《つかさど》らしむるが宜しきか。

日本は神国であり、神事が優先である。定子《ていし》中宮は正妃であるが、出家されている。したがって神事を奉仕しないのに、特別の恩寵により中宮職《ちゆうぐうしき》を止めず、食封も全額納入されている。重ねて妃（彰子《しょうし》）を皇后に立て、藤原氏の祭りをつかさどるのがよいだろう。

行成の日記『権記《ごんき》』の長保《ちょうほ》二年（一〇〇〇）正月二八日条、藤原道長《みちなが》の娘彰子の立后兼宣旨《りつこうけんせんじ》が正式に下されたところで、前年以来蔵人頭《くろうどのとう》として一条《いちじょう》天皇を説得してきた内容を披露した部分である。

一条天皇には中宮定子がいるのに、さらに彰子を立后して中宮職を設置し、定子のそれを皇后宮職《こうごうぐうしき》となし、一帝二后の例を開いた。これが道長の意向をうけた奏上《そうじよう》であることは、道長が感謝して子息の将来まで約束していること（前年一二月七日条）から明らかである。だが述べた内容がこじつけであるかは別の問題だろう。出家した定子が中宮に留まっていることは貴族社会のなかに批判もあった。「我朝は神国なり」は、中世の神国思想の前史として注目されるが、新たな神国概念が成立しつつあるのだろう。奈良時代の神祇官《じんぎかん》による班幣《はんぺい》を中心とするあり方にかわって、天皇が畿内の特定神社や伊勢神宮へ幣帛《へいはく》を奉る奉幣《ほうべい》が中心となり、代初めの神社行幸も先例がひらかれていく。春日社も大原野社も、藤原氏の氏社というだけでなく、天皇や貴族社会を支える国家祭祀となっている。

このとき行成は蔵人頭で右大弁であったが、長保三年に参議《さんぎ》となって以後も長く右大弁・左大弁を兼ねて弁官のトップをつとめ、弁官での文書の整理（結政《かたなし》）や公卿に対して決裁を仰ぐ政や申文《もうしぶみ》など、勤勉に左大臣道長を中心とする太政官《だじようかん》の政務を支えたさまが『権記』に見られる。寛弘《かんこう》の四納言《しなごん》と称せられ、権大納言まで昇り、万寿《まんじゆ》四年（一〇二七）一二月、道長と同日に死去した。和様《わよう》の書を完成させた三蹟《さんせき》として有名で、国宝「白氏詩巻《はくししかん》」をはじめ多くの優美な作品が残るが、古記録には道長に依頼されて屛風の色紙形などの清書にあたっていることが散見する。

（出　典）『権記』一〈史料纂集〉続群書類従完成会、一九七八年

（参考文献）黒板伸夫『藤原行成』〈人物叢書〉吉川弘文館、一九九四年。大津透「権記」『歴史物語講座七　時代と文化』風間書房、一九九八年

中世

21 源《みなもとの》頼《より》信《のぶ》（九六八—一〇四八）

経基《つねもと》、満仲《みつなか》と続く清和源氏《せいわげんじ》の家系で、二人の兄頼光《よりみつ》（摂津源氏《せっつげんじ》）、頼親《よりちか》（大和《やまと》源氏）に対して、最晩年の官途《かんと》により河内《かわち》源氏と称する。平忠常《たいらのただつね》の乱（一〇二八—三一）を平定し、坂東進出の基礎を築き、頼義《よりよし》—義家《よしいえ》—義親《よしちか》—為義《ためよし》—義朝《よしとも》—頼朝《よりとも》へと続く「武家の棟梁《とうりょう》」としての河内源氏を確立する。

頼信《よりのぶ》、坂東《ばんどう》は此度《このたび》なん始めて見る。然《しか》れば道の案内知るべきに非《あら》ず。然れども家の伝えにて聞き置ける事有り。「此の海には浅き道、堤の如くにて、広さ一丈許《ばかり》にて直《うるわし》く渡りけり。深さ馬の太腹になん立つなる」。

頼信が坂東を見たのは今回が初めてだ。それゆえ、道の案内を知るはずもない。だが、家の伝えで聞いていることがある。それは、「此の海中には浅瀬が堤のように一丈ほど（約三メートル）の幅で一直線に続いており、深さは馬の太腹に水がつくくらいだ」ということだ。

出典は『今昔物語集《こんじやく》』巻二五第九話「源頼信、平忠恒を責むる語」で、平忠常（忠恒）の乱より十数年前、頼信が常陸介《ひたちのすけ》であった時の忠常圧服に関わる話である。忠常は坂東平氏のうち良文流《よしぶみりゅう》で、貞盛《さだもり》・繁盛《しげもり》流の維幹《これもと》（惟基）と争っており、維幹は頼信に協力して、忠常を掣肘《せいちゅう》しようとした。

頼信は、郎等《ろうとう》（「館の者共」）と地方の武力（「国の兵共」）の計二〇〇〇人を引率しており、これに左衛《さえ》門大夫《もんのたいふ》を称する維幹の軍三〇〇〇騎が加わった。国衙《こくが》軍制の構造をうかがう材料として注目されるとともに、地方に土着する武士の軍事力の強大さを示している。忠常が渡船を押さえたため、「香取《かとり》の海《うみ》」と称される霞《かすみ》ヶ浦《がうら》を迂回すると、忠常の本拠まで七日もかかることになる。そこで、頼信は「家の伝え」として、海中の道の存在を指摘し、これを用いると即日に忠常を急襲できると提案する。

この話では、頼信は今回初めて坂東に来たように描かれているが、上野介《こうずけのすけ》の経歴があり、祖父経基は武蔵介《むさしのすけ》、父満仲も常陸介の経歴がある。常陸国（茨城県）真壁郡《まかべぐん》の豪族《ごうぞく》である真髪高文《まかみのたかふみ》がこの道の存在を知っており、頼信は忠常の不意を突き、見事に降服させた。道を知る者は軍中でも三人しかおらず、人々は頼信を優れた「兵《つわもの》」と称賛すると同時に、畏怖《いふ》して信服したという。「家の伝え」は武士の家として展開する家系が、統治・軍事に有用な情報を蓄積していたことを教えてくれる。

頼光・頼親は摂関家を確立する御堂流《みどうりゅう》の藤原道長《ふじわらのみちなが》に近侍するが、頼信は道長とは疎遠であった。子頼義も、皇位継承をはずれた小一条院敦明《こいちじょういんあつあきら》親王に仕えていた。武士の道を選択せざるを得なかった河内源氏の展開をうかがわせるゆえんである。

（出　典）『今昔物語集』四〈新日本古典文学大系〉岩波書店、一九九四年

（参考文献）横澤大典「源頼信」『王朝の変容と武者』〈古代の人物6〉清文堂出版、二〇〇五年

22 大江匡房《おおえのまさふさ》（一〇四一—一一一一）

平安時代後期の公卿《くぎょう》・文人《ぶんじん》。紀伝道《きでんどう》の家に生まれ、匡衡《まさひら》を曾祖父に持つ。東宮学士《とうぐうがくし》・蔵人《くろうど》・左大弁・参議《さんぎ》を経て権中納言まで昇進し、後三条《ごさんじょう》・白河《しらかわ》・堀河《ほりかわ》三代に仕えた。著作には三大儀式書の一つである『江家次第《ごうけしだい》』のほか、『江都督納言願文集《ごうとどくなごんがんもんしゅう》』『続本朝往生伝《ぞくほんちょうおうじょうでん》』『本朝神仙伝《ほんちょうしんせんでん》』等があり、彼の言談を筆記したものとして『江談抄《ごうだんしょう》』がある。

ここに頃年《としごろ》より以来《このかた》、かくのごときの人、皆もて物故《もっこ》したり。文を識《し》るの人、一人の存《のこ》るものなし。司馬遷《しばせん》が謂《い》えるありて曰く、誰がためにか為《な》さん、誰をして聞かしめんといえり。

最近、このような人たちはみな亡くなってしまった。詩文を解する人は一人も残っていない。司馬遷は「誰のためにしたらよいのか、誰に聞かせたらよいのか」と言った。

匡房が康和《こうわ》年間（一〇九九—一一〇四）初め頃に記したとされる『暮年詩記《ぼねんしき》』（『本朝続文粋《ほんちょうぞくもんずい》』および『朝野群載《ちょうやぐんさい》』所収）の中の一文である。『暮年詩記』は自撰詩集の序であり、自分が四歳のときに初めて書を読み、八歳のときには『史記《しき》』『漢書』に通じたという記述から始まり、次いで、自分を引き立ててくれた先人を列挙する。そこから右に掲げた部分となり、彼らが皆亡くなり、理解者がいなくなった中で詩文を作るのがつらく悲しいこと、最近は詩文作成は儒者としての責務を果たすにとどめていることを述べる。そして、これまで興にまかせて作った詩作を集め、一書にまとめたことが記される。

実際のところ、これは紀長谷雄《きのはせお》（八四五―九一二）の「延喜以後詩序」（『本朝文粋《ほんちょうもんずい》』所収）にならって作られたものであり、すべてをそのままに受け取ってよいかどうかは検討を要する。しかし『暮年詩記』を執筆した頃、匡房は大宰権帥《だざいのごんのそち》として大宰府に赴任していた。この頃より彼の作風は、これまでの伝統的美文を理想として字句の修飾に力を注いだものから、事実を直視してありのままに表出する形へと変化していったという。したがって、長谷雄にならったにせよ、匡房の思いが込められたものであったことは認めてよい。ちょうどその少し前に母親が亡くなり、また長年指導してきた関白藤原師通《かんぱくふじわらのもろみち》が三八歳にて没している。自身も六〇歳を迎え、もはや自分の時代が過ぎ去ったことを感じたのであろう。しかし後世に匡房の存在を強く印象づけたのは、それからの文学活動であった。

（出典）『古代政治社会思想』〈日本思想大系〉所収「暮年記」、岩波書店、一九七九年
（参考文献）川口久雄『大江匡房』〈人物叢書〉吉川弘文館、一九六八年。佐藤道生「「暮年記」の執筆時期」『平安後期日本漢文学の研究』〈笠間叢書〉笠間書院、二〇〇三年（初出一九九四年）

23 白河天皇《しらかわてんのう》

（一〇五三—一一二九
在位一〇七二—八六）

後三条《ごさんじょう》天皇の第一皇子、母は藤原公成《ふじわらのきんなり》娘の茂子《もし》。当初、弟実仁《さねひと》即位までの中継ぎの地位であったが、強運と卓越した政治力で、自らの子孫、堀河《ほりかわ》・鳥羽《とば》・崇徳《すとく》の三代の天皇にわたる院政《いんせい》を敷く。弱体化した摂関家を庇護すると同時に、受領《ずりょう》級新興貴族を育成し、壮麗な御願寺《ごがんじ》・御所を建築し朝廷内での天皇家の圧倒的優位を確立した。さらに武士の積極的登用や荘園容認への転換など、社会全体の変化の引き金となった政治を行った。意のままにならぬものは、「鴨河《かもがわ》の水、双六《すごろく》の賽《さい》、山法師《やまほうし》（延暦寺悪僧《えんりゃくじ》）の三つのみ」との逸話は有名だが、左はその晩年のことばである。

吾屍骨《わがしかばね》、葬らざれば、恐らくはかくの如く発心の輩あらんか。これによって忽《たちま》ち多年の宿意を変じ、俄《にわか》に火葬の儀を儲《もう》く。

わが遺体を火葬しなければ、あの（故師通《もろみち》の時の）ように、延暦寺の大衆の中には、遺体に辱《はずかし》めを与えようと考える輩がいるやもしれぬ。そこで、永年の意思を改めて、遺骸のままではなく火葬とする。

実は、遺体はそのまま鳥羽仏塔の石室に安置したいというのが、白河の永年の願いであった。あるいはほぼ同時期の奥州平泉藤原氏《おうしゅうひらいずみ》の中尊寺《ちゅうそんじ》のミイラのごときものを想定すべきであろうか。しかし故関白《かんぱく》師通の墓が延暦寺僧の手によって暴かれたことの二の舞となるのをおそれ断念したというのである。

遡《さかのぼ》ること約三〇年、嘉保《かほう》二年（一〇九五）の延暦寺強訴《ごうそ》に担ぎ出された日吉山王神《ひえさんのうしん》の神輿は師通の命令で射かけられた。しばらくあって承徳《じょうとく》三年（一〇九九）師通は急死する。延暦寺悪僧らはこれを日吉山王神の神罰だと主張。師通の墓を暴くのはその余勢を駆ってのものだろう。日吉山王の神罰という理解は当時京都では共有されており、『今鏡《いまかがみ》』『愚管抄《ぐかんしょう》』にも見える。

三〇年以前にもかかわらず、白河にもその記憶が強く残っていたのである。師通への祟りという「実績」がある以上、専制君主の墓とはいえ、神威を振りかざす延暦寺悪僧の前には無力であった。

三大不如意の「山法師」は、度重なる強訴に手を焼いたと理解されるわけでそれ自体は決して誤りではないのだが、根底には「実績」ある神罰への畏怖があるということなのであろう。ところで、起請文《きしょうもん》の誓約文言に仏罰・神罰が盛り込まれるのは、白河院政期頃からとされているが、その最初期の事例が日吉社に関わることに注目すると、師通急死＝神罰説は、白河のみならず社会一般をとらえていたようにも思える。

（出　典）『長秋記』大治四年（一一二九）七月一六日条
（参考文献）美川圭『白河法皇』〈ＮＨＫブックス〉日本放送出版協会、二〇〇三年

24 建《けん》春《しゅん》門《もん》院《いん》（一一四二―七六）

後白河《ごしらかわ》上皇の女御《にょうご》で高倉《たかくら》天皇の母。嘉応《かおう》元年（一一六九）に院号宣下《せんげ》。父は有能な官僚貴族平時信《たいらのときのぶ》、異母兄弟に平清盛《きよもり》室の時子《ときこ》、平氏政権を支えた時忠《ときただ》がいる。

女はただ心からともかくもなるべきものなり。親の思いおきて、人のもてなすにもよらじ。わが心を慎みて身を思い腐《くた》さねば、おのずから身にすぐる幸《さいわい》もあるものぞ。

女は心がけ次第です。親が手配してくれて、周囲がよくしてくれるというわけではありません。自らを律して、腐ったり臆することがなければ、自然と大きな幸福が訪れるものですよ、と。

これは、彼女に仕《つか》えた女房による回想録『たまきはる』に記された建春門院のことばである。建春門院は、類まれな美貌、あらゆることに気を遣う几帳面な性格、さらに女房への思いやりも兼ね備えた、才色兼備のスーパーレディであった。

清盛の義理の妹にあたる彼女は、後白河上皇と清盛をつなぐ鎹《かすがい》であったと言われる。承安《じょうあん》四年（一一七四）の厳島社《いつくしましゃ》、安元《あんげん》元年（一一七五）の有馬温泉など、前代の上皇の妃《きさき》ではなかったような、遠い場所にも後白河に同行している。後白河の寵愛の程を示すものではあるが、それは信頼いやむしろ依存と見た方がよい。

『たまきはる』は、「大方《おおかた》の世の政《まつりごと》事を始め、はかなき程の事まで、御心にまかせぬ事はなし……かしこかりける御心一つに、なべての世も静かなりける」、つまり「女院は政治的なことがらにも関わり、的確な対応のお陰で世の中は安泰であった」とする。実際、当時の日記には、後白河とともに彼女が政治的な事案の報告を受けている記事もある。中世において女性が政治力を発揮する際、後家《ごけ》の場合がもっぱらだが、彼女は配偶者として後白河を支えたという印象が強い。精神的な補助者として、政治的な判断を誤らぬよう、そして人間関係を保つよう適切に後白河を導いた女性であった。

後白河といえば、権謀術数の老獪《ろうかい》な政治家というイメージで語られるが、彼女の重要性を考えると、「暗愚の主」という信西《しんぜい》のことばをそのまま受けとった方がよいと思われる。彼女の死後、寵臣藤原《ふじわらの》成親《なりちか》の台頭などにより、後白河と清盛との関係は急激に悪化し、治承《じしょう》三年（一一七九）の後白河幽閉へいたったからである。もし彼女がなお永らえたならば、治承・寿永《じゅえい》の内乱と鎌倉幕府の成立はなく、歴史は大きく異なったものとなっていたようにも思われる。

〔出　典〕『とはずがたり　たまきはる』〈新日本古典文学大系〉岩波書店、一九九四年

〔参考文献〕角田文衛「建春門院」『後白河院』古代学協会編、吉川弘文館、一九九三年。栗山圭子「院政期における国母の政治的位置」『中世王家の成立と院政』吉川弘文館、二〇一二年

25 源頼朝《みなもとのよりとも》（一一四七—九九）

鎌倉幕府の初代将軍。「武家の棟梁」河内源氏《かわちげんじ》の嫡流に生まれるも、平治《へいじ》の乱に敗れ、伊豆に配流される。二〇年に及ぶ流人生活の後、治承《じしょう》四年（一一八〇）八月に挙兵。鎌倉を拠点に東国武士を糾合し幕府を開く。文治《ぶんじ》元年（一一八五）に平家、同五年に奥州藤原氏《おうしゅうふじわらし》を滅ぼし、全国に覇権を確立した。

頼朝たまたま武器の家を禀《う》け、軍旅の功を運《めぐ》らすと雖《いえど》も、久しく遠国に住し、公務の子細を知らず候。たとい又子細を知ると雖《いえど》も、全くその仁にあらず候。かたがた申沙汰能《あた》わず候なり。但《ただ》し人の愁いを散ぜんがため、一旦執り申さしめ候事は、頼朝の申状たりと雖も、理不尽の裁許あるべからず候。

私頼朝はたまたま武芸の家に生まれ、戦場での功績をあげてきましたが、長らく遠国に住み、朝廷の政治の詳細は知りません。たとえ知っていたとしても、まったくそれにふさわしい人間ではありません。いずれにせよ何も申し上げることはできません。ただし人々の愁いをなくすために、ひとたび申し上げたことは、頼朝の申したことであっても、理不尽な裁定があってはなりません。

右は文治二年四月三〇日付の左大弁宰相藤原兼光《かねみつ》宛て頼朝書状の一節である。まず、自らを「遠国」の住人とする頼朝の自己認識が前面に押し出されていることを読み取ることができよう。では、「遠国」の住人とはいったい何であろうか。

伊豆配流中はもちろんのこと、挙兵後も頼朝はほとんど鎌倉を動こうとはしなかった。平家滅亡後、後白河院《ごしらかわいん》から何度も上洛を要請されても、その姿勢は変わらなかった。建久《けんきゅう》元年（一一九〇）一一月にようやく上洛し、権大納言・右近衛大将《うこのえのたいしょう》に任じられても、あっさりと辞任し、翌月には鎌倉に帰ってしまうのである。頼朝は朝廷や朝廷政治とは一線を画し、「遠国」鎌倉で幕府の首長として生きようとしたのであり、それが「遠国」の住人という頼朝の自己認識だったのである。

ただし、頼朝は朝廷や朝廷政治に無関心だったわけではない。むしろ並々ならぬ意欲を抱いていた。実は右の書状は、後白河院の専制政治を牽制するために、頼朝が摂政九条兼実《せっしょうくじょうかねざね》とはかって指名した議奏公卿たちを督励するために出されたものであった（『吾妻鏡』文治二年四月三〇日条）。彼らに対して「朝廷政治について頼朝の申し入れをないがしろにしてはならない」とする点に、頼朝の真意を読み取るべきである。その後も折にふれ、頼朝は朝廷に対する政治的発言を繰り返している。

そうした発言が都から離れた鎌倉から、「遠国」の住人という立場でなされているところに、頼朝の独特な政治姿勢と、新たな政治権力の登場を認めることができよう。

（出　典）黒川高明編著『源頼朝文書の研究　史料編』吉川弘文館、一九八八年

（参考文献）高橋典幸『源頼朝』〈日本史リブレット人〉山川出版社、二〇一〇年

26 熊谷直実《くまがいなおざね》（生年不詳—一二〇七）

武蔵国熊谷郷《むさしのくにくまがやごう》（埼玉県熊谷市）を本貫とする武士で、治承《じしょう》・寿永《じゅえい》の内乱においては、当初平家方として源頼朝《みなもとのよりとも》を敗走させたが、まもなく源氏に属し、以後、鎌倉幕府御家人《ごけにん》として活躍した。やがて出家し、法然《ほうねん》門下となり、法名を蓮生《れんせい》という。

僧蓮生、ぐわん《（願）》をおこ《（起）》して申さく、……いつさい《（一切）》のうえん《（有縁）》のすじよう《（衆生）》、一人ものこさ《（残）》ずらいがう《（来迎）》せん。もし《（若）》は、むえん《（無縁）》までにも思いかけて、とぶらわん《（弔）》がために、ただひとえ《（偏）》に人のために、蓮生、上品上生にうまれ《（生）》ん。さらぬほど《（程）》ならば、下八品にはうま《（生）》るまじ。

すべての縁ある衆生を一人も残さずに、極楽浄土へ導くために来迎しよう。または縁無き衆生までにも思いをかけて弔うために、ただひたすらに人のために、私は、上品上生《じょうぼんじょうしょう》の往生を遂げよう。それが叶わないのであれば、上品中生以下の八品による往生を遂げることはしない。

ここに掲げた一文は、法然の門下となってから一〇年余り経過した元久元年（一二〇四）五月一三日に、京都郊外鳥羽にあった上品上生の来迎印《らいごういん》を持つ阿弥陀仏像の前にて、誓いを立てた直後に記した自筆の置文《おきぶみ》の一部である。

極楽浄土に往生する者やその浄土には、上品上生から下品下生《げぼんげしょう》までの九種があり、彼が願ったのは、最上の上品上生の浄土往生であった。それが叶わないのであれば、阿弥陀仏の本願やその慈悲も、釈《しゃ》迦《か》の願も、無量寿経《むりょうじゅきょう》・阿弥陀経《あみだきょう》・観無量寿経《かんむりょうじゅきょう》の説も、善導大師《ぜんどうだいし》の解釈も、皆破れて妄語（嘘、偽り）の罪となるであろう、とさえ言い切っている。それは、師の法然の思想とは異なるものであったが、激動の内乱期に生き抜いた武士であり信仰者であった彼の力強い信念を象徴する表明であった。

彼の死没年月日と場所とに関しては、『吾妻鏡《あずまかがみ》』『大日本史料』等の承元《じょうげん》二年（一二〇八）九月一四日の京都東山草庵説と、『法然上人絵伝《ほうねんしょうにんえでん》』（四八巻伝）等の承元元年九月四日の武蔵国熊谷宿所説とが伝えられているが、近年は後者の説が支持されている。それを伝える『絵伝』巻二七には「往生の霊異すこぶる比類まれなる事になん侍ければ、まことに上品上生の往生うたがいなしとぞ申あいける」と記されている。

（出　典）『熊谷市史』資料編2古代・中世本編所収『清凉寺文書』二〇一三年

（参考文献）菊地大樹『鎌倉仏教への道』〈講談社選書メチエ〉講談社、二〇一一年。高橋修『熊谷直実』〈歴史文化ライブラリー〉吉川弘文館、二〇一四年

27 後鳥羽天皇《ごとばてんのう》（一一八〇―一二三九）（在位一一八三―九八）

高倉《たかくら》天皇の第四皇子、母は七条院殖子《しちじょういんしょくし》。平家都落ち後に神器《しんき》のないまま数え四歳で即位した。建久《けんきゅう》九年（一一九八）より承久《じょうきゅう》三年（一二二一）まで、三代の天皇（土御門《つちみかど》・順徳《じゅんとく》・仲恭《ちゅうきょう》）にわたり院政を敷く。北条義時《ほうじょうよしとき》追討《ついとう》のため挙兵するが、敗れ（承久の乱）、隠岐《おき》に配流《はいる》となり同地で一生を終える。

神器の喪失と〝武士の地域政権〟鎌倉幕府の成立という前代未聞の状況下、王権としての天皇家の威信回復をめざした後鳥羽は、自分自身が多彩な才能を発揮するカリスマ性で対応した。芸能では蹴鞠《けまり》・琵琶《びわ》・笙《しょう》・笛、武芸では相撲《すもう》・水練《すいれん》・射芸《しゃげい》などに優れ、歌論《かろん》・仏書・有職故実書《ゆうそくこじつしょ》なども撰述《せんじゅつ》した。まさにタレント上皇であった。その最も顕著なものが、『新古今和歌集《しんこきんわかしゅう》』の勅撰《ちょくせん》（最近の研究では承元《じょうげん》三〈一二〇九〉・四年頃成立）であり、近年では文化による統合と評価されている。この和歌集の特徴は、藤原定家《ふじわらのさだいえ》に代表される前衛的な歌＝新古今様《しんこきんよう》の歌を集めた点にある。

他宗の歌合せ、その歌体《かたい》を笑わんがため、こと――「他宗」（六条家流歌人一〇人）をこき下ろし、嘲さらにこれを召《め》さる。

――笑するためわざわざ召したのだ。

右は『新古今和歌集』編纂期間中に、後鳥羽が定家にひそかに語った言葉で、定家が自身の日記『明月記《めいげつき》』建永《けんえい》元年（一二〇六）七月一二日条に書き残している。すでに新古今流の優位性が確定している段階で、それまで主流だった六条家流（藤原顕季《ふじわらのあきすえ》に始まり、訓詁《くんこ》・注釈にこだわる歌風）に、さらに屈辱を与えようとする企てで、嗜虐的《しぎゃくてき》なやり方である。

こうした振る舞いはこれだけではない。後鳥羽の臨席する場で、儀式作法をテーマに貴族らに問答論義をさせることが多々あった。順徳天皇のための大嘗会《だいじょうえ》（即位して最初の新嘗祭《にいなめさい》〈稲の収穫祭〉の節会《せちえ》）をテーマとした論義では、誤った回答には、後鳥羽が簾中から板敷きをコンコンと叩き、誤りを指摘して恥を与えたという（『明月記』建暦《けんりゃく》元年〈一二一一〉九月二五日条）。

後鳥羽には「奥山のおどろが下も踏み分けて道ある世ぞと人に知らせん」（草深い山の中に自ら道を開くように、ものごとの道理を人びとに教え示そうではないか）という高い志を示す新古今の歌が知られるが、ハラスメント気味の振る舞いによれば、その文化的統合は、多様性を包摂するものではなく、排除をちらつかせた強制である。承久の乱の敗北の遠因は、このあたりにもあろうか。

（出　典）『翻刻　明月記』二〈冷泉家時雨亭叢書　別巻三〉朝日新聞社、二〇一四年

（参考文献）田渕句美子『新古今集　後鳥羽院と定家の時代』〈角川選書〉角川学芸出版、二〇一〇年

28 北条時頼《ほうじょうときより》（一二二七―六三）

鎌倉幕府の第五代執権《しっけん》。父は北条泰時《やすとき》の子時氏《ときうじ》、母は安達景盛《あだちかげもり》の娘（松下禅尼《まつしたぜんに》）。引付衆《ひきつけしゅう》を設置するなど、幕政の整備に努める一方で、得宗家《とくそうけ》（北条氏の嫡流家）の権力強化を進めた。すなわち有力一門名越氏《なごえし》や有力御家人《ごけにん》三浦氏《みうらし》などを相次いで処分・討滅し、これら反得宗勢力の中心になっていた前将軍藤原頼経《ふじわらのよりつね》の京都送還を断行した。さらに現任の将軍藤原頼嗣《よりつぐ》も廃し、後嵯峨院《ごさがいん》の皇子宗尊《むねたか》親王を新将軍に迎えた。康元《こうげん》元年（一二五六）一一月、病を得たことにより執権を甥の北条長時《ながとき》に譲るも、なお幕政の実権を握り続け、得宗専制体制の端緒を築いた。

忝《かたじけな》くも不肖の身をもって誤りて征夷の権を執る。兢々の思い、薄氷を踏むが如し。よって咫《し》尺《せき》の出行、なおもって輙《たやす》からざるの間、先度は私宅に光儀《こうぎ》せられ畢《おわ》んぬ。

（私は）おそれ多いことに不肖の身でありながら幕府の実権を握っております。戦々恐々とする思いは、薄氷を踏むようなものです。そのためわずかな外出でさえ、容易ではないため、先日は（叡尊《えいそん》に）我が家までおいでいただきました。

弘長《こうちょう》二年（一二六二）二月、時頼の招きを受けて西大寺《さいだいじ》の叡尊が鎌倉にやって来た。戒律を復興した叡尊のもとには多くの御家人やその子女が集まってきたが、叡尊は個人の受戒や説法のために出向くことはしなかった。ただし時頼については特別に、その求めに応じて彼の屋敷最明《さいみよう》寺邸《じてい》を訪れていた。後日、時頼はそのことを叡尊に詫びているが、右に引用したのはその一節である。

すでに執権の地位を退いていたにもかかわらず、「征夷の権を執る」と述べられている点に当時の幕政の実態がうかがえる。それとともに注目されるのは、「兢々の思い、薄氷を踏むが如し」と時頼が自らの心情を吐露していることである。

時頼が執権に就任したのは寛元《かんげん》四年（一二四六）三月、病気の兄経時《つねとき》に代わってのことであった。「不肖の身」とはそのことを指すのかもしれない。頼りの父時氏は早世しており、偉大な祖父泰時も四年前に他界していた。まだ二〇歳の若者であった時頼は、反得宗勢力の渦巻く鎌倉の政界に独りで放り込まれたようなものであった。まさに「薄氷を踏む」思いであったろう。

それから一六年。先にふれたように得宗家の権力は着々と強化されてきたはずである。「兢々の思い、薄氷を踏むが如し」は、叡尊を自邸に呼びつけてしまったことへの言い訳ともとれるが、なお時頼の不安は尽きなかったのではないだろうか。それ故に政治の実権を手放すことができなかったとも言えよう。右の一節からは得宗専制の意外な一面が浮かび上がってくるように思われる。

（出　典）性海著／細川涼一訳注『関東往還記』〈東洋文庫〉平凡社、二〇一一年

（参考文献）高橋慎一朗『北条時頼』〈人物叢書〉吉川弘文館、二〇一三年

29 阿《あ》仏《ぶつ》尼《に》

（一二二二頃―八三）

実父母は不明。平度繁《たいらののりしげ》の養女。後高倉院《ごたかくらいん》皇女《こうじょ》の安嘉門院《あんかもんいん》に仕え、安嘉門院四条《しじょう》と称された。歌人として『続古今和歌集《しょくこきんわかしゅう》』に歌が選ばれる。若き日の道ならぬ恋の破局をつづった随筆『うたたねの日記』、そして晩年の紀行文『十六夜日記《いざよいにっき》』が有名。文才あふれる宮廷女性であった。

失恋の後、いったんは奈良の法華寺《ほっけじ》に住むが、『源氏物語《げんじものがたり》』を介して、藤原定家《ふじわらのさだいえ》息の御子左為家《みこひだりためいえ》と師弟関係となり、のち側室《そくしつ》となって為相《ためすけ》・為守《ためもり》を産んだ。為家には正室宇都宮氏《うつのみやし》との間に為氏《ためうじ》がおり、当初彼が嫡子の地位にあった。ところが、為家と為氏との間に確執が生じ、四条の子為相が為家の継承者となったのである。のちの冷泉家《れいぜいけ》の祖である。

為家は建治《けんじ》元年（一二七五）に死去するが、その遺領である播磨国細川庄《はりまのくにほそかわのしょう》（兵庫県三木市細川町）の地頭職《じとうしき》をめぐり、阿仏尼・為相と為氏は相論《そうろん》（訴訟）をする。幕府の裁許を求め、弘安《こうあん》二年（一二七九）、阿仏尼は、老齢にもかかわらず鎌倉に赴く。『十六夜日記』はその紀行文であった。その初めの部分で、彼女は次のように心情を述べている。

子を思う心の闇は猶《なお》忍びがたく、道をかえりみる恨《うらみ》はやらん方なく、さても猶東の亀の鏡に映さば、曇らぬ影もや顕わるる、と……。

我が子為相を思う気持ちは本当に強く、また為氏側の仕打ちへの憤りや恨みを晴らさないではおかれない、という気持ちのあまり、「東の亀の鏡」、すなわち鎌倉幕府の裁許をいただけば、心も晴れようと思い(鎌倉に下ることとしたのです)。

子を思う老母の切なる思いにあふれた言葉であるが、彼女自身この旅がどれほど実りのあるものか、不安だったであろう。相論の始まる一年前、文永《ぶんえい》一一年(一二七四)にはモンゴル襲来、建治年間(一二七五—七八)・弘安年間(一二七八—八八)の初年は防衛体制強化に幕府は手一杯であり、一公家の一族内争いを取り合ってくれるような状況ではなかったからである。日記には一切記されていないが、鎌倉に下る道中、九州方面に向かう武士の一群とすれ違っていたに違いない。実際、為相の勝訴の裁許が下るのは、正応《しょうおう》二年(一二八九)のことであった(正和《しょうわ》二年〈一三一三〉七月二〇日関東下知状、天理大学所蔵文書)。阿仏尼当人の死後、すでに六年が経っていた。

「国難」の最中、自らの子供の将来のために彼女は老齢に鞭打って、鎌倉に下ったわけであり、おそらく彼女自身、自らの子煩悩の深さを痛感していたのであろう、「子を思う心の闇」と吐露したゆえんと思われる。

(出　典)『中世日記紀行集』〈新日本古典文学大系〉所収『十六夜日記』岩波書店、一九九〇年

(参考文献)田渕句美子『阿仏尼』〈人物叢書〉吉川弘文館、二〇〇九年

30 安達泰盛《あだちやすもり》（一二三一—八五）

鎌倉幕府の有力御家人《ごけにん》。引付衆《ひきつけしゅう》・評定衆《ひょうじょうしゅう》・引付頭人《ひきつけとうにん》、さらに越訴奉行《おつそぶぎょう》・御恩奉行《ごおんぶぎょう》などを歴任した。また安達氏は北条氏《ほうじょうし》とも関係が深く、泰盛も北条重時《しげとき》の娘を妻に迎え、妹を時宗《ときむね》の妻としていた。こうした関係から、泰盛は得宗専制《とくそうせんせい》体制を支える立場にもあった。弘安《こうあん》七年（一二八四）四月に執権時宗が急死した後、幕府では「弘安徳政」といわれる改革政治が進められたが、それを主導したのは新得宗貞時《さだとき》（時宗の子）の外戚《がいせき》泰盛だったと考えられている。しかし翌年一一月、御内人《みうちびと》平頼綱《たいらのよりつな》との勢力争いに敗れ（霜月騒動《しもつきそうどう》）、志なかばで一族・与党とともに滅亡した。

泰盛の肉声を最もよく伝えているのは『蒙古襲来絵詞《もうこしゅうらいえことば》』であろう。文永《ぶんえい》の役での勲功を認めてもらおうと鎌倉にのりこんできた肥後国《ひごのくに》御家人竹崎季長《たけざきすえなが》に対したのが、御恩奉行の泰盛であった。『蒙古襲来絵詞』には二人の緊迫したやりとりが絵と詞書《ことばがき》とで記されている。自分の先駆けの功は戦場で大将少弐景資《しょうにかげすけ》が認めてくれたが、鎮西奉行《ちんぜいぶぎょう》から幕府への報告に漏れてしまったのだ、景資に照会してほしいと主張する季長に対して、「なぜ報告に漏れたとわかるのか」「分捕りや討死の功はあるのか」「景資に確認するのは先例のないことである」と、泰盛は冷静に切り返す。季長も「景資に確認して、私の先駆けが嘘だということになれば、首を召されてもかまわない」と必死に食い下がる。

「先をし候し事、三郎左衛門に尋ねられんに、虚誕を申しあげば、勲功を捨てられて、首を召さるべし」と申す。奇異の強者《こわもの》な。

「（季長は）先駆けをしたことについて、三郎左衛門（少弐景資）にお尋ねになられて、（自分が）もし嘘を申し上げていたということになれば、勲功を破棄されて、私の首をお取りになってください」と言ってきた。めずらしい強情者だな。

この問答の後、周囲の人間に泰盛が語ったのが右の一節である。季長のことを「強者（強情者）」と評しながら、そこに否定的なニュアンスはない。この後に「後日の御大事にもかけつと覚ゆる（将来の一大事にも駆けつけてくるであろう）」と言葉を続けているように、泰盛は季長が幕府にとって有為な人物であることを見抜いていたのである。季長に対しては特別に、恩賞の下文を直接手渡し、さらに餞別として具足揃いの馬を与えていることからも、泰盛の季長に対する期待が読み取れよう。

御恩奉行として、特にモンゴル襲来という未曽有の状況のもと、さまざまな御家人と接するなかで、泰盛は幕府と御家人との関係を考え、さらには幕府のあるべき姿を模索することになったのであろう。

（出　典）『中世政治社会思想』上〈日本思想大系〉岩波書店、一九七二年

（参考文献）村井章介『北条時宗と蒙古襲来』〈ＮＨＫブックス〉日本放送出版協会、二〇〇一年

31 一遍《いっぺん》（一二三九—八九）

一遍は、伊予国《いよのくに》（愛媛県）の有力御家人《ごけにん》河野氏《こうのし》の一族に生まれ、出家後、数々の修行を経て、文永《ぶんえい》八年（一二七一）、「十一不二頌《じゅういちふにのじゅ》」に表された独自の宗教的悟りに達して、自ら一遍と称した。それは、彼の上求菩提《じょうぐぼだい》の到達点であり、人々への下化衆生《げけしゅじょう》の出発点であった。「南無阿弥陀仏決定往生六十万人」と刷られた名号札を配り（賦算《ふさん》）、日本全国各地に念仏を勧進《かんじん》して歩いた（遊行《ゆぎょう》）。踊念仏によって多くの人々に教えを広め、賦算は二五〇万人、門弟一〇〇〇人に及んだという。正応《しょうおう》二年（一二八九）八月二三日、五一歳で没した。兵庫県真光寺《しんこうじ》に廟所《びょうしょ》がある。

熊野《くまの》へ参詣し給う。……ここに一人の僧あり。聖すすめての給わく、一念の信をおこして南無《なむ》阿弥陀仏《あみだぶつ》ととなえ（唱）てこのふだをうけ給べしと。僧云、いま一念の信心おこり侍らず。うけば妄

出会った一人の僧に対して、一遍は、一念の信心を起こして「南無阿弥陀仏」と唱えて名号札をお受け下さい。対して僧は、いまは一念の信心が起こりません。受けてしまえば嘘・偽りになってしまいますと言い、受け取らなかった。

語なるべしとてうけず。……本意にあらずながら信心おこらずともうけ給えとて、僧に札をわたし《（渡）》給けり。……この事思惟《しゆい》するにゆえなきにあらず、勧進のおもむき冥慮《みょうりょ》をあふぐべしと思給て、本宮証誠殿《ほんぐうしょうじょうでん》の御前にして願意を祈請し、

一遍にとり本意ではなかったが、信心が起きなくとも札をお受け下さい、と札を渡した。この一連のやりとりに関して、何か理由のあることに違いないと考え、布教の方法について思し召しを仰いでみよう、と熊野本宮証誠殿にて願いを立ててお祈りをした。

右は、『一遍聖絵《いっぺんひじりえ》』巻三第一段が記し描く布教方法に思い悩んだ際に発したことばである。一遍は参籠して権現の示唆を仰いだ。権現は「あなたの勧めによって一切の衆生が往生するものではない。法蔵菩薩《ほうぞうぼさつ》が正覚《しょうがく》を得て阿弥陀仏となったとき、すでに一切衆生の往生は決定しているのである。信・不信や浄・不浄を問題にすることなく、札を配りなさい」と告げたという。「南無」は「帰依・帰命」の意であり、「南無阿弥陀仏」と発したとき、そこにはすでに信が込められているのである。信心を起こして南無阿弥陀仏と唱えて札を授受するという、これまでの二重の信を強要する布教・伝道方法は否定されたが、「十一不二頌」に表現された一遍の基本的な宗教思想が間違いないとされたのである。それが、古来一遍成道の時とされた熊野神託の本来的な意味である。信が不要なのではない。

（出　典）『一遍上人絵伝』〈日本の絵巻〉所収『一遍聖絵』中央公論社、一九八八年

（参考文献）橘俊道・梅谷繁樹編『一遍上人全集』春秋社、一九八九年。林譲「一遍の宗教覚書」『中世の仏教と社会』吉川弘文館、二〇〇〇年。今井雅晴編『遊行の捨聖　一遍』〈日本の名僧〉吉川弘文館、二〇〇四年

32 後醍醐《ごだいご》天皇《てんのう》（一二八八―一三三九）（在位一三一八―三九）

大覚寺《だいかくじ》統《とう》後宇多《ごうだ》天皇第二皇子、母藤原忠継《ふじわらただつぐ》娘忠子《ちゅうし》。両統迭立《りょうとうてつりつ》と大覚寺統内部での分裂という政情不穏のなか、三一歳という壮齢で即位し主体的な政策を打ち出す。天皇家内の継承問題解決などのため鎌倉幕府倒幕に動き、反北条氏《ほうじょうし》勢力の結集もあり、幕府を滅亡させる。公家・武家一体となった建武《けんむ》政権が発足するものの、内部の分裂により二年で実質的に瓦解。その後足利尊氏《あしかがたかうじ》方との攻防の結果、その敗北は決定的となり、延元《えんげん》元年（一三三六）一二月いったんは、神器《しんき》を足利方の光明《こうみょう》天皇に渡す。ところが、一二月二一日には一転して神器とともに吉野に遁《のが》れた。すなわち南北朝分立の始まりである。

なお本意を達せんがため、洛中を出て和州吉野郡に移住す。……速やかに官軍を率い、京都に発向せしむべし。武蔵《むさし》・相模《さがみ》以下、東国の士卒、

自らの意志を貫き通すため、京都を離れて吉野に移った。……速やかに官軍を率いて、京都に侵攻せよ。武蔵など関東の武士の中に、この後醍醐の命令に従わぬものは、厳しく処罰すべき

もし勅命《ちよくめい》に応ぜざるものあらば、厳密に治罰《じばつ》を加うべきなり。

――――である。

後醍醐は、吉野到着の四日後速やかに陸奥《むつ》南朝方の総司令官北畠《きたばたけ》顕家《あきいえ》に自筆勅書を送り、進軍を命じた。彼の行動力を示す文書であり、右はその一節である。これに遡ることほぼ一年前、同年正月、北畠顕家は陸奥より上洛し、当時京都を占拠していた尊氏を九州に追い払った。その再現を狙ったものであろう。後醍醐にしてみれば、今回も容易《たやす》いと当て込んでいたのかもしれない。参陣しない武士には「治罰を加えよ」との命令は、いまだ後醍醐の威光が生きていると思っていた節がある。成功体験の落とし穴である。しかし陸奥・関東での足利方の巻き返しもあって、顕家の再上洛は、そう簡単にはかなわなかった。実現するのは、一年後のことであった。

歴史の後知恵ではあるのだが、後醍醐の現状認識の甘さは明らかだろう。状況的には、武士の意欲を高めるために、せめて元弘《げんこう》三年の倒幕の綸旨《りんじ》のように、「勲功あらば勧賞おこなわるべし」とすべきであった。皮肉なことに、「治罰」文言を盛り込んだ綸旨は、その後、室町幕府によって各種の軍事行動に際して用いられることとなるのである。

〈出　典〉東京大学史料編纂所編『大日本史料』第六編之三所収、延元元年一二月二五日条引用後醍醐天皇勅書（白川文書）東京大学出版会、一九八二年

〈参考文献〉森茂暁『南北朝の動乱』〈戦争の日本史8〉吉川弘文館、二〇〇七年

33 兼《けん》好《こう》法《ほう》師《し》（生没年不詳）

兼好法師の俗名は卜部兼好《うらべのかねよし》、幼名は四郎太郎とされる。延慶《えんぎょう》二年（一三〇九）から正和《しょうわ》二年（一三一三）までの間に出家し、それ以降、「沙弥《しゃみ》兼好」と自称し「兼好法師」と称されることが多い。『大日本史料』観応《かんのう》元年（一三五〇）四月八日条に「卜部兼好死ス」とあるも、その後の活動が知られ、生没年は依然として未詳ながら、延文《えんぶん》二（一三五七）、三年頃、享年七〇代後半とされる。

尊き聖の言いおけることを書き付けて、一言芳《いちごんほう》談《だん》とかや名付けたる草子を見侍しに、心合いて覚えしことども、……

一、仏道を願うというは、別のことなし、暇ある身と成て、世の事を心にかけぬを第一の道とす。

尊敬すべき高徳の仏道修行者が言い置いた言葉を書きとどめた『一言芳談』と名付けた法語集を見ましたが、共感を覚えた記事のうち、……

一、行仙房のいうことには、仏道を願うということは、特別のことはない。時間に余裕のある身となって、世間のことを、またはその他のことを、気にかけぬことが第一の道である。

『徒然草《つれづれぐさ》』は、兼好法師が、鎌倉時代後末期の様相を鋭く洞察し簡潔に記しとどめた随筆と高く評価される。彼のことばを同書から選ぶことには事欠かず、彼の真意を読み解く試みは、江戸時代以来続けられ、写本による漢字・仮名遣いの相違の指摘を含め、蓄積は汗牛充棟《かんぎゅうじゅうとう》、枚挙に暇ない。

掲出した第九八段は、敬仏房や法然《ほうねん》などの念仏行者ら三〇人余りの信仰をめぐる法語類一五〇余を収録した『一言芳談』からの抜き書きである。『一言芳談』に登場する人物は、多く「聖」「上人《しょうにん》」と称される遁世者《とんせいしゃ》であった。その清貧や断捨離に繋がる思想は、兼好にとり、共鳴する生き方を示すものとして琴線に触れるものがあったのであろう。実際、兼好は「遁世物」と認識されていたことも伝えられているから（『太平記《たいへいき》』二一）、「聖」「上人」の世界に連なる一面を保持していた。とはいえ、彼は「法師」と呼ばれており、「聖」「上人」とは一線を画す存在であったように思われる。

彼の筆跡や花押に関しては、『大徳寺文書』の売寄進状《うりきしんじょう》や『金沢文庫文書《かねざわぶんこもんじょ》』の懸紙《かけがみ》、また『奉納和《ほうのうわ》歌《か》』等が知られる。自筆とされてきた『金沢文庫文書』の書状本紙は、紙背聖教《しはいしょうぎょう》の整理作業を通じて、彼の筆跡とは考えられず、これらから彼のことばを探ることは難しい。南北朝時代には、勅撰集入集や自選家集、醍醐寺三宝院賢俊《だいごじさんぼういんけんしゅん》の随行として伊勢参宮を果たすなど活躍している。後半生の人生を含めると、『徒然草』が伝える彼のことばは、なお多様な解釈の可能性を秘めているように思われる。

（出　典）『方丈記　徒然草』〈新日本古典文学大系〉所収「徒然草」岩波書店、一九八九年

（参考文献）小松英雄『徒然草抜書』三省堂、一九八三年。高橋秀栄「兼好書状の真偽をめぐって」『中世文学』四三、一九九八年、https://doi.org/10.24604/chusei.43_23 による。小川剛生『兼好法師』〈中公新書〉中央公論新社、二〇一七年

34 足利尊氏《あしかがたかうじ》

（一三〇五―五八）

室町幕府の初代将軍。初名は高氏《たかうじ》。鎌倉幕府打倒・建武《けんむ》政権樹立に功があったことから、後醍醐《ごだいご》天皇の諱《いみな》「尊治《たかはる》」の一字を賜って尊氏に改名した。やがて後醍醐天皇と袂《たもと》を分かち、武家政権の再興をめざして室町幕府を開いた。

この間城に籠もりて辛苦候らん事、かえすがえす驚き思えて候。たびたび申され候勢の事、三条殿へ催促申し候程に、急ぎ沙汰候て仰せらるべき由御返事候。相構えて構えて今一こらえ、こらえられ候べく候。

この間城に籠って苦労しているであろうこと、かえすがえす驚き思っています。何度もおっしゃられる援軍のことですが、三条殿（足利直義《ただよし》）に催促したところ、すぐに手配して命令されるとの御返事です。よく気をつけてもうひと踏ん張り、こらえてください。

開創期の室町幕府の特徴として、尊氏と同母弟直義《ただよし》による二頭政治体制がとられていたことが指摘されている。実際、二人のことを指して「両将軍」とする当時の史料も残されている。

従来、二頭政治体制の下で尊氏と直義がどのように権限を分担していたかに関心が集中して研究が進められてきたが、尊氏と直義の関係は権限を分担するというようなものではなかったらしい。室町幕府開創のごく初期を除き、尊氏は恩賞給与や守護任免以外には、あまり文書を出さなくなり、幕政関係の文書はもっぱら直義が発給するようになる。征夷大将軍尊氏が、幕政のほぼ全権を直義に委任していたというのが、二頭政治体制の実態であった。

右に引用したのは、薩摩国《さつまのくに》で武家方として奮戦していた島津宗久《しまづむねひさ》からの援軍要請に応えた、康永《こうえい》三年（一三四四）四月二日付の尊氏自筆書状の一節である。ここで注目されるのは、宗久の要請に対して、尊氏は直接応じるのではなく、「三条殿」すなわち直義に連絡し、直義が援軍派遣を決定したことを宗久に伝えていることである。実は軍事指揮も全権を委任された直義の権限であった。征夷大将軍でも越権行為は許されない。このことを尊氏自身きちんとわきまえており、それに沿って行動していたのである。二頭政治体制下の尊氏と直義との関係が読み取れよう。

この二人の関係が破綻し、直義が滅亡したのが観応《かんのう》の擾乱《じょうらん》である。新たに息子義詮《よしあきら》が幕政の担い手として登場するが、直義のように全面委任というわけにはいかなかった。擾乱後の室町幕府は、あらためてその政治体制を模索していくことになるのである。

〈出　典〉東京大学史料編纂所編『大日本古文書　家わけ十六　島津家文書之二』東京大学出版会、二〇〇〇年復刻

〈参考文献〉山家浩樹『足利尊氏と足利直義』〈日本史リブレット人〉山川出版社、二〇一八年

35 義堂周信《ぎどうしゅうしん》（一三二五―八八）

南北朝期の禅僧、夢窓疎石《むそうそせき》の法を嗣ぐ。関東では鎌倉公方足利基氏《あしかがもとうじ》・氏満《うじみつ》父子に、京都に戻って将軍足利義満《よしみつ》に禅を指南し、政治顧問の役割も果たした。最後は南禅寺《なんぜんじ》住持となり、五山以下に整理された禅院を統率した。絶海中津《ぜっかいちゅうしん》とともに五山文学の双璧とされる。語録、詩文集『空華集《くうげしゅう》』のほか、日記『空華日用工夫略集《くうげにちようくふうりゃくしゅう》』が伝わる。

凡《およ》そ作文作頌、まさに先《ま》ず意を得て、然《しか》る後に句を得べし。意主たり、句は伴たり。苟《いや》しくも意を得ば、則《すなわ》ち句必ずしも工《たく》まざるもまた可なり。句工みて意を得ざれば、則ち吾《われ》取らざるなり。

文章や偈頌《げじゅ》を作るには、まず意趣を自覚化し、そののち表現が生まれるのがふさわしい。意が中心で、句は添え物である。もし意趣が明確となったならば、表現は巧妙でなくても構わない。表現が巧妙でも意趣が明確でなければ、私はその作品を評価しない。

日記の応安《おうあん》四年（一三七一）五月一二日条から。禅僧の作る詩文は、中国の古典や禅僧の故事をふまえている。知識を持たない読者には、前提とする逸話などに気付くのは容易でなく、難解である。その中で、義堂の作品は平明な印象を受ける。義堂は、禅僧の偈頌（詩）や文章を論ずる際、「意」と「句」を対比し、句の巧みさより意を得ることを重視している。中国宋代の詩論で「意」はキーワードの一つとされる。義堂の論で「得意」を深く理解するのは難しい。表現しようとする意趣を自覚化し明確にするとでも表現できようか。義堂は、内にある思惟を素直に言語化することに留意し、表現を凝らす技巧を重視しない。一四世紀、多くの禅僧たちが中国に渡り、本場の作詩作文も技巧を含め習得した。日本では留学僧の詩文だけが評価される可能性があった。留学経験のない義堂はそこに敏感であったろう。自ら平易な表現を心がけ、広く禅僧に詩文が享受されることをめざしたのではないか。

中国口語の分析から禅籍研究に偉大な功績を遺した入谷義高は、義堂の詩文に厳しい。「みな端正な格調の作例ばかりで、作者その人の真率な情感がそこから漂い出ることはほとんどない」とし、「律義な端正さと常識人的な平衡感覚」とまとめる。この評価は残念ながら否定できない。しかし、先の理解に立てば、意識して端正さに留まったという評価も可能ではないか。義堂の示した作風は、禅の修養と作詩作文との一体化を一般的なものとし、禅僧の文学の幅広い底辺を作り上げた、と理解し、義堂を入矢の言う「五山文学の模範教師」として積極的に評価したい。

（出　典）義堂周信著／辻善之助編『空華日用工夫略集』太洋社、一九三九年

（参考文献）蔭木英雄『中世禅林詩史』笠間書院、一九九四年。入矢義高校注『五山文学集』〈新日本古典文学大系〉岩波書店、一九九〇年

36 二《に》条《じょう》良基《よしもと》（一三二〇―八八）

南北朝時代の北朝の公家、歌人。博学多識で知られ、関白《かんぱく》・摂政《せっしょう》を計五回つとめ、動乱期の北朝を支えた。足利義満《あしかがよしみつ》に接近し、それを後ろ盾とすることで、朝廷内の権勢を獲得した。また、義満が典礼にうるさい朝廷に進出することができたのも、良基の指導によるところが大きい。著作に『菟玖《つく》波集《ばしゅう》』『筑波問答《つくばもんどう》』『応安新式《おうあんしんしき》』などがある。

昨日の大儀、毎事周備し候。近比《ちかごろ》大慶に候。老臣四代申沙汰、奉りおよばず。今度の儀、さだめて上古に超え候か。左相府一任候の旨、御一存候き。

昨日の大儀（後小松天皇《ごこまつてんのう》の即位大礼）は万端滞りありませんでした。近年にない喜ばしいことです。私のように四代（崇光《すこう》・後光厳《ごこうごん》・後円融《ごえんゆう》・後小松）にわたって即位大礼を取り計らった者は他に聞いたことがありません。今回の大礼はきっと上古（平安朝）の御世も超えた盛儀でしょう。左相府（足利義満）は、今回の件は私に一任するとのご意向でありました。

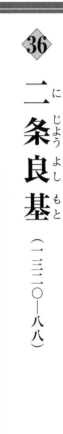

永徳《えいとく》二年（一三八二）一二月二九日、前日に後小松天皇の即位大礼を無事に終えた二条良基（太政大《だじょうだい》臣《じん》兼摂政）は、三条公忠《さんじょうきんただ》（元内大臣、後小松の外祖父）に宛てて、この書状を送った。得意の絶頂にあった良基は、書状の中でも今回の盛儀を取り仕切った自身の功績を自賛し、しかも今回の典礼の一切を義満から一任されているということを述べて、公忠を暗に牽制している。このときの大礼は、後小松の外祖父である公忠に何の相談もないまま進められたものだった。良基の尊大不遜な人格をよく示す書面である。

なお、この書状を受け取った公忠はよほど悔しかったのか、文書の右端に小さな字で、書札礼《しょさつれい》（書状の礼法）について不満を述べた上で「当時武辺権威の人なり。……確執詮無《せんな》きのゆえなり。准后《じゅごう》また常の執柄《しっぺい》に相似るべからざるの条、かつがつその謂《い》われあるか（良基はいま幕府と繋がる権勢者である。……盾突いても無益なことである。いまの良基は通常の摂政とは異なる地位にあるのだから仕方がない）」と記して嘆息している。この書状は二枚の紙からなり、その後、公忠はそれを裏返して自身の日記『後愚《ごぐ》昧記《まいき》』の用紙として再利用した。しかし、後世の人に二条良基の自筆書状である価値が見出され、引き剥がされ、良基の花押（サイン）のある二紙目は、現在「壬生文書」（京都大学文学部博物館蔵）として伝来している。死してなお公忠を翻弄する良基に、冥界の公忠の胸中やいかに……？

（出　典）東京大学史料編纂所編『大日本古記録　後愚昧記』所収、永徳三年記紙背文書、岩波書店、一九九二年

（参考文献）菅原昭英「二条良基書状」『東京大学史料編纂所報』三二、一九九七年

37 足利義教《あしかがよしのり》

（一三九四―一四四一）

室町幕府第六代将軍。足利義満《よしみつ》の子。元青蓮院門跡《しょうれんいんもんぜき》。正長《しょうちょう》元年（一四二八）、兄義持《よしもち》の死去により、籤引《くじび》きで後継者に選ばれ還俗《げんぞく》する。将軍権力の強化に努めたが、嘉吉《かきつ》元年（一四四一）、赤松満祐《あかまつみつすけ》により謀殺される。

今日また仰せらるる旨、御沙汰を正直に、諸人愁訴《しゅうそ》を含まざるように御沙汰ありたき事なり。よって旧《もと》のごとく評定衆《ひょうじょうしゅう》并引付頭人《ひきつけとうにん》など定め置かれたきなり。この一段、また管領《かんれい》に相談《あいだん》ずべきの由、仰せられおわんぬ。

今日また（義教様が）仰ることには、「裁判を公正にして、人々が苦境を嘆かずに済むような政治を行いたいものである。そこで、昔のように評定衆と引付頭人などを復活させたい。このことも管領（畠山満家《はたけやまみついえ》）に相談するように」と仰せられた。

足利義教といえば、些細な罪で側近や公家を処罰する恐怖政治を行い、陰湿な策謀をめぐらして有力大名家を追い詰め、あげくに裏切りに遭い横死した人物として知られている。個性の際立つ室町将軍の中でも、彼ほど強烈なキャラクターはいないだろう。同時代を生きた伏見宮貞成《ふしみのみやさだふさ》親王などは、彼のことを「悪将軍」と呼び、彼の治世を「万人恐怖」、その死を「自業自得」と評している。

しかし、そんな彼も治世初期には「徳政」の理想に燃える為政者だった。右の史料は、室町幕府の政治顧問をつとめていた醍醐寺三宝院《だいごじさんぽういん》の満済《まんさい》の日記である。この満済に対して、義教は新政策として鎌倉幕府以来の裁判機関である評定衆と引付方《ひきつけがた》の復活を提案しているのである。その動機は「諸人愁訴を含まざるように御沙汰ありたき」、つまり人々が苦境を嘆かずに済むような政治を行いたい、という高邁な政治精神だった。幕府政治について何の実績も経験もないなか、鬮引きという「神慮」によって将軍に選出された彼は、そのために人一倍の自負心と劣等感を抱いていた。その思いが、彼をして情熱的な政治改革に走らせていたのである。

ところが、残念ながら、この義教の新政策が実現した形跡はない。この後、理想と現実の不調和のなか、彼の政治は小さな挫折と妥協を繰り返していく。その焦燥のなか、やがて溌剌とした理想に燃える新将軍は、幕政を破滅へと導く暴君へと変貌していくことになる。

〈出　典〉『満済准后日記』正長元年五月二六日条〈続群書類従補遺一〉続群書類従完成会、一九三四年

〈参考文献〉桜井英治『日本の歴史12　室町人の精神』〈講談社学術文庫〉講談社、二〇〇九年（原版二〇〇一年）。森茂暁『室町幕府崩壊』〈角川ソフィア文庫〉ＫＡＤＯＫＡＷＡ、二〇一七年（原版二〇一一年）

38 一休宗純《いっきゅうそうじゅん》（一三九四―一四八一）

室町時代前期の禅僧。後小松《ごこまつ》天皇の子ともいわれる。臨済宗大応派大徳寺《りんざいしゅうだいおうはだいとくじ》派下の華叟宗曇《かそうそうどん》の弟子となり、京都を中心に雲遊《うんゆう》しながら、八一歳で大徳寺住持となり、即日退くが、のち伽藍《がらん》再興に努めた。薪《たきぎ》の酬恩庵《しゅうおんあん》に示寂《じじゃく》。八八歳。弟子が大徳寺に真珠庵を再興して分塔した。狂雲子と号す。

とんち噺で知られる一休の姿は、後世の付託である。しかし、『自戒集《じかいしゅう》』『狂雲集《きょううんしゅう》』にまとまる偈《げ》頌《じゅ》（詩）は、禅僧の通例を逸脱して、愛淫をも表現する。自由に言動した人物というイメージは否定できない。奔放とも取れる偈頌の内容をどう受け止めるか、さまざまな理解が提示されている。

衲僧《のうそう》の作略、人の識《し》るなし。

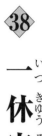

私が虚実ないまぜに作り上げた詩世界の中に、読む人を不二の境地に導くはかりごとがあろうとは、誰も識別できないだろう。

文明《ぶんめい》三年（一四七一）、「紹越侍者が衣を更《か》えて玉垣と号したので、偈《げ》を作って与える」と題し、僧の寵愛を詠う偈頌の第三句。『狂雲集』所収。右の訳は、もとの詩の一句としてよりは、独立した句として試みた。祖心紹越《そしんじようえつ》は、一休の弟子として後年に顕著な活躍を見せる。別に「玉垣居士」とあり、祖心はこのとき還俗《げんぞく》したこととなるが、事実とは信じがたい。

今泉淑夫は、一休の生涯を読み解くにあたり、『維摩経《ゆいまきよう》』の「不二法門」と「方便」に注目した。「不二」とは、あれでもあり、これでもあり、またあれでもなく、これでもなく、二の視点を否定し突き抜けて、一だと了解すること。不二を理解させるため、あったことをなかったことをない混ぜにして提示する、そのしかけが方便であり、策略となる。今泉は、象徴として「森女図」を取り上げる。画像の下半分は、一休が愛を込めた詩を送った盲目の女性、森侍者《しんじしや》が描かれ、上半分には円相《えんそう》で一休の半身像、間に「おもひねの」の森女の和歌一首、上部に一休の偈頌が記され、玉垣居士に与えるとある。画面は、人物二人であるが一体ともみえ、関係は夫婦でもあり愛人でもあり、またいずれも否でもある。森女図を還俗したと仮想した紹越に与えた点に、一休の策略が顕れているとみる。今泉は、一休の偈頌を、「ただ、「不二」と「方便」をたよりに、そのあるがままに、であるかも知れない、ではないかも知れないものとして、眺める」。一休の詩を、現実と虚構を止揚した眼で読む。それは容易であり、至難である。難易を超えた先に、透徹して軽妙な一休の世界は広がっているのだろう。

（出　典）『一休和尚全集第二巻　狂雲集』（五五八番）春秋社、一九九七年
〈参考文献〉今泉淑夫『一休とは何か』〈歴史文化ライブラリー〉吉川弘文館、二〇〇七年。同『一休和尚年譜』一・二〈東洋文庫〉平凡社、一九九八年

39 大乗院尋尊《だいじょういんじんそん》（一四三〇―一五〇八）

奈良の興福寺《こうふくじ》大乗院《だいじょういん》第二〇代門跡《もんぜき》。一条兼良《いちじょうかねよし》の子。七〇年に及ぶ在院期間に多くの記録を残した。なかでも日記『大乗院寺社雑事記《だいじょういんじしゃぞうじき》』は宝徳《ほうとく》二年（一四五〇）から永正《えいしょう》五年（一五〇八）までが現存し、室町中・後期の政治・社会・文化についての基本史料となっている。

およそ京中・嵯峨《さが》・梅津《うめづ》・桂《かつら》など、西山・東山・北山、一所として焼け残るところ無きものなり。希有の天魔の所行なり。論所題目の子細さらにもってこれ無し。……これらの面々、東西に相分かれ、今日は西方になり、明日は東方になるべきの由と云々。よくよく子細を相尋ぬるに、題目においてはさらにもってこれ無し。

総じて京・嵯峨・梅津・桂などや、西山・東山・北山は、一ヵ所も焼け残った場所はない。不可解な天魔の所業である。戦乱の争点はこれといってあるわけではない。……大名たちは東西に分かれても、今日は西軍のはずが明日は東軍になるという。いくら考えてみても、その理由は見当たらない。すべては将軍の政策の不徹底が生んだものである。

御成敗の不届きのゆえなり。

応仁《おうにん》元年（一四六七）五月に始まった応仁の乱は、混迷のすえ文明《ぶんめい》九年（一四七七）一一月、西軍諸大名の下国をもって収束する。参戦した大名たちは合従《がっしょう》連衡《れんこう》を繰り返し、真の対立軸は最後まで見えないまま。一一年に及ぶ大乱の結果、京都の神社・仏閣、公家・武家の屋敷の多くは灰燼《かいじん》に帰した。奈良に住み、この大乱の行方を横目で見ていた尋尊は日記中で、その理由について考察を深めるが、「よくよく子細を相尋ぬるに、題目においてはさらにもってこれ無し」と記す通り、その原因はわからない。文中ではいかにも中世人らしく、「天魔」の所業としか考えられない、との超自然的な説明も述べるが、最終的に彼は「御成敗の不届き」（将軍の政策の不徹底）にその原因を見出す。

一六年前の寛正《かんしょう》の大飢饉《だいききん》についても、尋尊は「去年諸国旱魃《かんばつ》并河内《かわち》・紀州・越中《えっちゅう》・越前《えちぜん》など兵乱のゆえ、かの国人ら京都において悉《ことごと》くもって飢死しおわんぬ。兵乱においては御成敗不足のゆえなり。歎くべし歎くべし」と述べて、飢饉は単なる天災ではなく、兵乱によって引き起こされた人災であり、その兵乱の原因も他ならぬ将軍の無策によるものであると看破していた。幕政の紊乱《びんらん》と将軍足利義政《あしかがよしまさ》の無定見が多くの悲劇を生み出していることを、尋尊の批判精神は鋭く見抜いていた。時代の転換期を生きた同時代人の偽らざる感想として尊重すべきだろう。

（出　典）『大乗院寺社雑事記』文明九年一二月二日条〈増補続史料大成〉臨川書店、一九七八年（原版一九三三年）

（参考文献）鈴木良一『大乗院寺社雑事記』〈日記・記録による日本歴史叢書〉そしえて、一九八三年

40 蓮《れん》 如《によ》（一四一五―九九）

室町時代の本願寺《ほんがんじ》の第八世住持《じゅうじ》。関東に起源をもつ親鸞《しんらん》の直弟子たちに発する浄土真宗《じょうどしんしゅう》諸派が繁栄し、親鸞の血筋を継ぐ本願寺を本山とする本願寺派が不振であった室町中期、本願寺教団の振興に力を尽くしたとされる。また、近世の東西本願寺派繁栄の基礎を築いた本願寺中興《ちゅうこう》の祖ともされる。伝道の中で書き綴った「御文《おふみ》」は門徒《もんと》をはじめ教団に大きな影響を与え、近世には本願寺派の聖典となった。次に掲げるのは、福井県浄得寺《じょうとくじ》が所蔵する「御文」からのことばである。

既に百姓分の身として守護《しゅご》・地頭《じとう》を退治せしむる事、本意にあらざる前代未聞の次第なり。然れども仏法に敵をなし、又土民百姓の身なれば、限りある年貢・所当等を均等に沙汰せしむるには、後生のために念仏修行せしむるを、一端は

平民の身分で守護・地頭たる支配者を倒すなど、すべきではない前代未聞の行為である。しかし（守護富樫幸千代《とがしこうちよ》が）仏法に敵対し、年貢等をきちんと納める土民・百姓が（せめて）後生の救いを願い念仏修行しているのに、憐れむどころ

憐憫《れんびん》こそなくとも、結句罪咎《つみとが》にしつめ、剰《あまつさ》え誅罰に行うべきその結構あるの間、力なくかくのごときの謀反《むほん》を山内方と同心せしめ、これを企る処なり。これ誠に道理至極なり。

か罪を問い、さらに誅罰まで企んだから、仕方なく富樫政親《まさちか》に味方し（守護の追放という）謀叛を行ったのであり、これは極めて道理に適ったことである。

加賀国《かがのくに》（石川県の南部）では応仁《おうにん》の乱の余波を受け、東軍方の富樫政親派と西軍方の守護富樫幸千代派とが抗争し、文明《ぶんめい》六年（一四七四）の激突で富樫政親派が勝利した。本願寺門徒は、政親に加担した。本願寺が東軍方であり、本願寺派と対立する真宗高田《たかだ》派（下野国《しもつけのくに》〈栃木県〉高田専修寺《せんじゅじ》を本山とする真宗の一派）の門徒が、幸千代方に味方していたからである。

常日頃、大名や領主との対立を誡《いまし》めていた蓮如は門徒の行動を是認した。支配者に対する反抗は原則として不当だが、支配者が仏法に敵対し、念仏修行を迫害した場合は正当である、と。この論理はその後、本願寺法主《ほっす》による門徒動員の論理として織田信長《おだのぶなが》の時代まで繰り返し表明されている。

キリシタンも「肉体に関しては」信仰ゆえに「殿《との》に仕え殿への義務を果すのをやめる訳ではない。ただし霊魂に関しては自由である」（一五八六年一〇月一七日フロイス書翰）と主君への服属と信仰の自由とをともに肯定する。寛永《かんえい》一四年（一六三七）の島原《しまばら》・天草《あまくさ》一揆の論理も同様であった。

（出　典）加能史料編纂委員会編『加能史料』戦国一、石川県、一九九八年

（参考文献）神田千里『一向一揆と石山合戦』〈戦争の日本史14〉吉川弘文館、二〇〇七年

41 日野富子《ひのとみこ》（一四四〇―九六）

室町幕府第八代将軍足利義政《あしかがよしまさ》の正室。実子義尚《よしひさ》を将軍職につけるべく山名宗全《やまなそうぜん》を頼み、応仁《おうにん》の乱の原因の一つを作った。乱後は義政と不仲となり、幕府政治に介入し、賄賂《わいろ》をとり、関所を立てるなどして蓄財に励んだとされる。

日野富子の〝悪女〟ぶりは、奈良の大乗院《だいじょういん》尋尊《じんそん》の記した日記『大乗院寺社雑事記《だいじょういんじしゃぞうじき》』に詳しい。〝記録魔〟尋尊が書き残した諸記録は当時の実情を探るには不可欠の重要史料であり、富子の施政が多分に利権的なものであったことも事実である。ただし、そこでの富子に対する筆誅《ひっちゅう》には、決して身分の高くない「名家《めいか》」の家格でありながら幕府政治に容喙《ようかい》して権勢を振るった日野家に対する、摂関家出身の尋尊の強い反感もあった。尋尊の語る醜聞は、その点を割り引いて読まれる必要があるだろう。

そうしたなか、次の史料は同じ『大乗院寺社雑事記』に記された逸話ながら、他のものとは少しく異なる富子像を物語る。応仁の乱もようやく終結をみた文明《ぶんめい》一二年（一四八〇）二月、千本釈迦堂《せんぼんしゃかどう》の法事を聴聞した義政は牛車に乗り帰路についた。ところが、途中で供の者たちが車の中を覗いたところ、たしかに乗車したはずの義政の姿がない。真っ青になって御《お》供衆《ともしゆう》が千本釈迦堂に引き返してみると、はたして義政はまだ聴聞の場に残っていた。では、最初、車に乗ったのは何者か？ この怪奇現象《ドッペルゲンガー》に人々が「希代の不思議」「天狗の所為なり」と噂するなか、義政は「我は久しかるべからず」（私はもう長くは生きられないだろう）と述べて、自身の死期を悟り、来世の菩提《ぼだい》を弔《とむら》う準備を始めた。
この話を伝え聞いた富子の反応を記したのが、次の文章である。

御台《みだい》またこの事を聞こし召され、「我も公方《くぼう》御座ありての事なり」とて、後生菩提のため、真《しん》如堂《によどう》四十八日念仏に御奉加の儀これありと云々。

御台（日野富子）は、またこのことをお聞きになって、「公方様あっての私です」と言って、後生の菩提のために真如堂での四八日間の念仏にお布施を寄進したということだ。

実際には義政の死はまだ一〇年先。この翌年には不仲が嵩じて別居してしまう二人だが、このとき富子は「我も公方御座ありての事なり」（公方様あっての私です）と述べて、義政とともに来世への準備を始めるのだった。相容れない性格でありながらも、無意味な権力闘争と長い流血をくぐり抜け、二人の間には何か通じ合うものがあったのかもしれない。室町期に怪奇現象《ドッペルゲンガー》を「死の前兆」と捉える認識があったことも興味深いが、それ以上に義政と富子の心の交流を語る数少ない貴重な逸話である。

（出　典）『大乗院寺社雑事記』文明一二年二月二二日条〈増補続史料大成〉臨川書店、一九七八年（原版一九三三年）

42 毛利元就《もうりもとなり》

（一四九七—一五七一）

安芸国《あきのくに》（広島県西部）出身の戦国大名。毛利弘元《ひろもと》次男。出雲国《いずものくに》（島根県東部）尼子氏《あまごし》・周防国《すおうのくに》（山口県東部）大内氏《おおうちし》影響下の一国人から身を起こし戦国大名へと成長。兄興元《おきもと》の死去、その子幸松丸の死去により一族老臣らに擁立され、天文《てんぶん》一九年（一五五〇）に有力家臣井上氏を滅ぼし家中を統一、さらに大内氏家中の有力者陶氏《すえし》を、弘治《こうじ》三年（一五五七）には大内氏を滅ぼし、安芸・備後《びんご》（広島県東部）・周防・長門《ながと》（山口県西部）・石見《いわみ》（島根県西部）五ヵ国を領するに至った。

> 弓矢には面向きは勝ち候様に候えども、未だ更々《さらさら》安堵の思いこれなく候事に候条、政道・法度《はっと》も滞り、口惜しき事迄《まで》に候。

> 戦争には勝利し、表向きは結構なように見えても、（敵も多く国内にも反感をもつ者も多く）安泰というにはほど遠いため、政治も裁判も滞ったままであり、口惜しいことばかりである。

長子隆元《たかもと》に与えた書状の一節。有名な弘治三年（一五五七）一一月に隆元・隆景《たかかげ》・元春《もとはる》ら三人の子供に与えた教訓状と同時期か、少し後の時期のものとされている（石井進「家訓・置文・一揆契状」『中世政治社会思想』上〈日本思想大系〉岩波書店、一九七二年)。この一節は、「このように戦に大勝した時こそ、あるべき法度が定められ、あるべき政道が行われて然るべきである」が、現状はそれとはほど遠いことを述べた後に記されている。出雲尼子氏、豊後《ぶんご》(大分県中南部)大友《おおとも》氏、瀬戸内海の海賊村上《むらかみ》氏らとの対立に加え、備後、安芸の国衆《くにしゅう》も毛利氏への反感を秘めているであろう不安定な毛利氏の現状は、元就には「理想の法度・政道」とは大きく隔たった現実だった。

永禄《えいろく》元年(一五五八)八月に隆元が受け取った書状にも「国を治めるには賞罰がきちんと行われることが必要であり、成敗なしで治められるわけがない」と述べているように、元就にとっては戦争の勝利がもたらす勢威は表面的なことであり、正しい政治こそが重要であったのだろう。理想にこだわる杓子定規な性格だからなのか、服属しているかにみえる国衆らの反感を人一倍敏感に察知できたからなのか、本来あるべき治政と平和を求める心情がこの書状にはにじみ出ている。三人の子供への教訓状に「何故政治抗争に勝ち残れたか、自分でもさっぱりわからない」と述懐するように、本来自分は中国一帯の支配者になりうる器ではないとの自覚が、よけい理想を追い求めさせたのかもしれない。

(出　典)東京大学史料編纂所編『大日本古文書　家わけ8ノ2　毛利家文書之二』東京大学出版会、一九七九年復刻
(参考文献)清水克行『戦国大名と分国法』〈岩波新書〉岩波書店、二〇一八年

43 武田《たけだ》信玄《しんげん》（一五二一―七三）

甲斐《かい》を中心に、広範な版図に領国を形成した戦国大名である。元服して晴信《はるのぶ》、出家して信玄を名乗る。領国支配の諸施策にみる独創性はよく知られている。同時に、和歌・連歌《れんが》や漢詩を嗜《たしな》んで実作を残し、絵を描いては渡唐天神像《ととうてんじんぞう》を模写するなど、文化人としての素養も身に着けていた。

居士また戯《たわむ》れて曰く、我これ関山《かんざん》の化現《けげん》なり。

――亡くなった信玄様は生前、戯《ざ》れ言《ごと》にこうおっしゃっていた、「私は関山慧玄《かんざんえげん》の再来である」。

信玄の死は秘せられた。法要は約三年を経た天正《てんしよう》四年（一五七六）に行われ、日を継いで七回忌仏事まで前倒しで執行された。七回忌仏事で法語を述べたのは、恵林寺《えりんじ》住持の快川紹喜《かいせんじようき》、のち天正一〇年に武田氏が滅亡する際、恵林寺とともに火焔に包まれたその人である。法語では、武田氏祖先の信光《のぶみつ》が四天王のうち多聞天《たもんてん》（毘沙門天《びしやもんてん》）を造立し、子孫が栄えたという遺事を引いた上、信玄・勝頼《かつより》の繁栄も天王の衛護による、さらに信玄は天王の化現だとする。引用はその直後の記事となる。

関山とは関山慧玄（延文五年〈一三六〇〉没）のこと。宗峯妙超《しゅうほうみょうちょう》の弟子となり、花園《はなぞの》法皇の委嘱で妙心寺《みょうしんじ》の開山となった。関山の法系は、夢窓疎石《むそうそせき》の法系を軸とする五山派と一線を画して、戦国期には美濃《みの》から駿河《するが》・甲斐に教線を伸ばした（妙心寺派）。快川《かいせん》もその一人である。引用文の後、快川は、関山の「生縁」は高梨《たかなし》（高梨氏出身とされる）、号（道号）は関山、諱《いみな》は慧玄、対して信玄の生縁は山梨《やまなし》（甲斐国山梨郡）、号は機山、諱は信玄で、梨・山・玄と符合し、信玄は本当に関山の再来だと述べる。

機山・信玄の由来は明らかでないが、天正四年の他の仏事法語に、甲斐長禅寺《ちょうぜんじ》に住持した妙心寺派の岐秀元伯《ぎしゅうげんぱく》が「名字」を与えたと見える。そもそも関山を意識して命名した可能性もあろう。信玄を派祖に重ねる逸話を述べているのは、妙心寺派として信玄を尊重したことの端的な証となる。

続けて、信玄が天台宗《てんだいしゅう》の奥義を究め、権大僧正《ごんのだいそうじょう》となったと記す。信玄は禅宗においても妙心寺派のみに傾倒したのではない。恵林寺住持に、夢窓派に属する策彦周良《さくげんしゅうりょう》を招請し、また、京都の禅僧に偈頌《げじゅ》（詩）を送り、うち一度は、信玄の一七の詩に、相国寺《しょうこくじ》住持惟高妙安《いこうみょうあん》が序文を作り、南禅寺《なんぜんじ》住持をつとめた仁如集堯《にんじょしゅうぎょう》が跋文《ばつぶん》を加えている。信玄はたしかに「五山」の世界に身を置いていた。

引用文は、関山を、単に妙心寺派の祖としてだけではなく、禅を究めた高僧と位置づけ、信玄を重ねていると理解すべきであろう。信玄が実際に語ったか、確証はない。しかし、禅に傾倒した信玄の自負を映した逸話として、死後を守る人々に無理なく受け入れられる表現であったことは疑いない。

（出　典）東京大学史料編纂所編『大日本史料』第十編之十五所収「天正玄公仏事法語」、東京大学出版会、一九八八年。
『山梨県史』資料編六、二〇〇二年

近世

44 織田信長《おだのぶなが》（一五三四―八二）

統一政権の原型を創ったとされる武将。尾張守護代《おわりしゅごだい》織田家分家から身を起こし、尾張国（愛知県の西部）を統一した。今川義元《いまがわよしもと》を討取った桶狭間《おけはざま》の合戦は有名。全国制覇の野望をもち、室町将軍足《むろまちしょうぐんあし》利義昭《かがよしあき》を擁《よう》して入京を果たすと、のちには義昭も追放して畿内を掌握し、甲斐武田氏《かいたけだし》を滅ぼすなど版《はん》図《と》を拡大したが、家臣明智光秀《あけちみつひで》の謀叛《むほん》に志なかばで斃《たお》れたとされてきた。しかし近年では「天下布《てんかふ》武《ぶ》」の朱印は全国制覇を宣言したものではないとされ、その野望を疑問視する見解もある。

……天下を棄て置かるるの上は、信長上洛せしめ取り静め候。将軍家の事、諸事議定を遂げ、それに随《したが》うべく候。相易《あいかわ》らざる御入魂《ごじっこん》、珍重に候。

（義昭様が）天下を放棄されたから、信長が上洛して秩序を回復したのです。将軍家のことは皆の合議《ごうぎ》で決定し、私はそれに従います。相変わらずの友好、嬉しく存じます。

天正《てんしょう》元年（一五七三）、将軍足利義昭が京都から出奔《しゅっぽん》した後、毛利輝元《もうりてるもと》からの見舞に対し、七月一三日に織田信長が認《したた》めた返信である（「太田荘之進氏所蔵文書」）。義昭出奔を「誠に嘆かわしい」と述べ、自ら京都を制圧したのは将軍の放棄した「天下」（京都を含む五畿内を指す）の秩序を回復したまでであり、将軍家のことは合議で決定し、自分はそれに従うと言明している。将軍に取って代わろうとする姿勢は全く見られず、本心はともかく公式発言としては、将軍家のことは毛利家はじめ、（おそらくは信長に味方する上杉謙信《うえすぎけんしん》ら大名家など）人々の合議で決めるのが筋《すじ》であるとの論理が表明され、味方を表明している毛利家への感謝も述べられている。主導権を主張するどころか、むしろ「天下」を義昭に代わり支配しようとしていると見られることを極力避けている印象すらある。この点は、義昭と自分との関係を「君臣」の間と公言する言明とも一致している。

織田信長が、自ら「外聞」と呼ぶ世間の評判に大変敏感だったことは幾人かの研究者により指摘されている。信長が足利義昭につきつけた一七箇条の諫言《かんげん》においても、義昭の「外聞」が地に堕ちているることを詰《なじ》ったものが目立つ。だから、「天下」を私する野心があるとの「外聞」を避けたとみることはできる。しかし一歩想像をふくらませると、トップに誰が立とうと、そもそも「天下」を支えるのは合議だと考えていたとみることもできるのではないか。相変らずの「御入魂」への感謝の表明は、考えさせられるものがある。

（出　典）奥野高広『増訂織田信長文書の研究』上巻、吉川弘文館、二〇〇七年（オンデマンド版）
〈参考文献〉池上裕子『織田信長』〈人物叢書〉吉川弘文館、二〇一二年。金子拓『織田信長の見た「夢」』〈週刊新発見！日本の歴史1戦国時代③〉朝日新聞社、二〇一三年。神田千里『織田信長』〈ちくま新書〉筑摩書房、二〇一四年

45 千《せんの》利《り》休《きゅう》（一五二二―九一）

和泉《いずみ》国堺出身の商人、茶人。名字は田中、通称は与四郎。千は屋号とされる。堺南宗寺《なんしゅうじ》の開山大《だい》林宗套《りんそうとう》（大徳寺《だいとくじ》九〇世）に参禅し、宗易《そうえき》の法諱《ほうき》を授かる。茶の湯に優れた才能を発揮し、織田信長《おだのぶなが》・豊《とよ》臣秀吉《とみひでよし》に茶頭《さどう》として仕える。利休という号は、天正《てんしょう》一三年（一五八五）一〇月の禁裏茶会で秀吉に従って参内するにあたり、正親町《おおぎまち》天皇から許されたものである。秀吉からは特に寵愛を受け、天正一四年に大坂城を訪れた大友宗麟《おおともそうりん》からは、利休でなくては秀吉への言上は叶わない、と評されている。しかし、天正一九年二月、秀吉の勘気を受け京都を追放され、堺で自刃した。

右の壺は、利休、平野道是《ひらのどうぜ》より三十枚にとり申し候。其の方に御無用候はば、此の方においての金子三十枚に売り候て、これを進《まい》らすべく候。今程にて金一枚、五百目宛に候。然れば、貳千

この（「般若」の）壺は以前、私が平野道是から（金）三〇枚で入手したことがあります。（ですから）もしあなたに無用な物ならば、私が金三〇枚で売却し、あなたにその代金を渡しましょう。今は金一枚が（銀）五〇〇目（の相場）なの

貫にあい当り申し候。
――で、（銀）二〇〇〇貫に相当することになります。

天正一六年閏五月一九日、博多の豪商島井《しまい》宗室《そうしつ》に宛てた利休の書状の一節である。これより先、秀吉が宗室の所持する掛物を所望し、「北野茄子《きたのなす》」の茶入に金五〇枚を添えて与え、彼からそれを召し上げようとした。この取り次ぎをしたのが利休であった。彼は、宗室がすでに茄子の茶入を持っていることを秀吉に知らせ、これを「般若」の壺に替えるとともに、宗室がこの取り引きに不満であることを察し、右のように、般若の壺が不要ならば自分が売却して、金を上乗せしてやってもよいと提案したのである。もっとも、利休はそれに続けて、「縦《たと》い少しの御存分これなく候とも、関白様（豊臣秀吉）へ御用捨たるべく候あいだ、御同心もっともに候（たとえ、少しも本意ではないとしても、秀吉様とのことなので分別し、同意なさるのがよいでしょう）」とも述べ、なかば恫喝して宗室に合意を迫っている。

金で解決しようとするやり方は、なるほど商人を相手に有効な交渉ではあるが、それにしても、話を成立させるためとはいえ、秀吉が与えようとしている茶器を売り捌こうというのであるから、いかにも大胆な提案である。茶人という繊細で芸術家的なイメージとは異なる、秀吉側近として活躍する利休のタフな側面を窺い知ることができる言葉である。

（出　典）桑田忠親『定本　千利休の書簡』東京堂出版、一九七一年

（参考文献）芳賀幸四郎『千利休』〈人物叢書〉吉川弘文館、一九八六年。田中仙堂『千利休　「天下一」の茶人』宮帯出版社、二〇一九年

46 ルイス＝フロイス（一五三二―九七）

日本で宣教活動に従事したイエズス会司祭。ポルトガルのリスボンに生まれ、イエズス会に入会、インドのゴアで同会の活動に従事したのち、永禄《えいろく》六年（一五六三）来日後、死去するまで日本布教に携わった。永禄八年から天正《てんしょう》四年一二月（一五七七年一月）まで畿内で活動し、織田信長《おだのぶなが》との交流などが知られる。以後、三年のマカオ滞在のほか、主に九州各地で活動し、詳細な通信を書き続け、長崎で死去した。『日欧文化比較』、イエズス会上長から命じられ執筆した『日本史』などの著書でも知られる。

私には公方様《くぼうさま》の母君は修道院の女子修道院長のように、家の他の者たちは修道女の集団のように見えた。というのは、その屋敷の静寂、節度、それに秩序が大いなるものだったからであり、特に公方様の母君が、大変美しく、珍しい装飾をほどこした阿弥陀《あみだ》の祈祷室《きとうしつ》の扉を背にしており、その阿弥陀像は、大変美しい幼子イエスのように彩色され、金の冠と光背を頭にしていたからである。

一五六五年二月一二日（永禄八年正月一二日）、将軍足利義輝《あしかがよしてる》に年始の挨拶をした際に訪問した義輝の母慶寿院《けいじゆいん》についての印象である（一五六五年三月六日書翰）。夫義晴《よしはる》の死去後に出家していた正室慶寿院を「女子修道院長」に、侍女たちを「修道女の集団」になぞらえている。「祈祷室」（仏間《ぶつま》か）に安置された阿弥陀像は、まるで「幼子イエス」のように見えたというのである。日本の在来信仰すべてを「欺瞞《ぎまん》」「異教」とし、その撲滅を期して信者たちに神社・仏閣の破壊、仏像の焼却を指示していたイエズス会士の発言としては異例のものに思われる。

確かにイエズス会士たちは日本の在来信仰を全否定し、撲滅の対象とする一方で、祇園祭《ぎおんまつり》をキリストの聖体祭《せいたいさい》の偽造とみたり、盆行事をカトリック信者の「奉教諸死者《ほうきようしよししや》の記念日」の偽造とみたり、思いがけない相似に強い印象を受けていた。フロイス自身、僧侶の教説は「欺瞞」「純然たる誤り」としながら、「深い推理なしに彼らの用語ないし命題をただ受け取ると、最高の、唯一の、真実の神と、世界の救い主以外のものを扱っているとは思えない」（一五六七年七月八日書翰）と述べている。右の記述はこうした印象の産物なのかもしれない。

しかし、この印象がヨーロッパ人に伝わることは、さすがにイエズス会には容認できなかったらしい。一五九八年にポルトガルのエヴォラで有名な『日本通信』が出版される。そこに収録されたフロイスの右記書翰から「幼子イエス」の言葉は消え、「阿弥陀像は大変美しい子供のように彩色され」と書き換えられている。

（出　典）イエズス会文書館蔵 Jap.Sin.5, ff.222-222v.。上智大学キリシタン文庫蔵写真
（参考文献）松田毅一監訳『十六・七世紀イエズス会日本報告集』第Ⅲ期第二巻、同朋舎、一九九八年

47 豊臣秀吉《とよとみひでよし》（一五三七—九八）

戦国武将。尾張国《おわりのくに》の足軽木下弥右衛門《きのしたやえもん》の子と伝えられる。織田信長《おだのぶなが》に仕えて頭角を現し、近江浅井《おうみあざい》氏《し》の滅亡後に北近江（滋賀県）の大名となり、織田・毛利《もうり》の抗争に際しては現地に派遣され、播磨《はりま》・但馬《たじま》（兵庫県）を攻略するなど戦功をあげた。本能寺《ほんのうじ》の変では明智光秀《あけちみつひで》討伐を主導し、織田家宿老の柴田勝家《しばたかついえ》を討って信長の後継者として振舞い、天正《てんしょう》一三年（一五八五）関白《かんぱく》に就任した。九州の島津《しまづ》氏《し》を討伐して服属させ、関東の北条氏《ほうじょうし》を滅亡させて、全国の大名を服属させる天下一統を実現した。

伴天連《ばてれん》その知恵の法をもって、志次第に檀那《だんな》を持ち候と思し召され候えば、右の如く日域《にちいき》の仏法を相破る事曲事《くせごと》に候条、伴天連の儀日本の地には置かせられまじく候。

司祭らが優れた教えを説き、自発的帰依により信徒を得ていると思っていたのに、（信徒たちに神社仏閣を破壊させるような）日本の仏教に対する破壊行為を行っていることは不法であり、日本に置くことはできない。

当時日本でキリスト教の宣教に従事していたイエズス会宣教師の追放を宣言した、有名なバテレン

（伴天連）追放令の一節。天正一五年、大軍を率いた九州侵攻が島津義久《よしひさ》の服属により終わった後に、滞在中の博多（福岡県）で発令された。イエズス会の宣教師たちは、すぐに帰国する船の便がないと、しばらくの滞在を嘆願し容認された。その後秀吉が再び国外退去の履行を求めることはなかったのである。それならば何故秀吉は追放を宣言したのであろうか。追放令には、宣教師が自発的な帰依を促すのではなく、信徒たちに神社仏閣を破壊させるような、日本の在来信仰に対する破壊行為を行ったことが糾弾されている。こうした破壊活動を、宣教師の説教を聞いたキリシタン信徒がしばしば行っていたことはよく知られ、宣教師自身が加津佐《かづさ》付近の岩石の小島（岩戸山、長崎県）にあった祠《ほこら》を破壊したこと（『日本史』第二部第三六章）も知られている。秀吉が掲げた宣教師による在来信仰への迫害という理由は、言いがかりではなく事実であった。この他にも秀吉は、宣教師が牛馬を食したり、日本人を奴隷として海外に売る行為に加担していることを指摘しており（同第二部第九七章）、宣教師が奴隷のやりとりを行っていたことも知られている。こうしてみると、バテレン追放令が宣言された背景には、単に支配者にとって都合の悪い宗教の排除という、従来から指摘されてきた理由以上のものがあるかにみえ、改めて検討の余地があるように思われる。

（出　典）『松浦文書』、名古屋市博物館編『豊臣秀吉文書集』第三巻、吉川弘文館、二〇一七年

（参考文献）高瀬弘一郎『キリシタンの世紀』岩波書店、一九九三年、〈岩波人文書セレクション〉二〇一三年収録

48 榊原康政《さかきばらやすまさ》

（一五四八―一六〇六）

徳川四天王の一人として著名な榊原康政は、天文《てんぶん》一七年（一五四八）に三河国《みかわのくに》上野に生まれ、徳川《とくがわ》家康《いえやす》に近侍し、天正《てんしょう》一八年（一五九〇）八月、家康の関東入国に伴い、上野国館林《こうずけのくにたてばやし》城主となった。そして、慶長《けいちょう》一一年（一六〇六）四月に、将軍徳川秀忠《ひでただ》は、酒井忠世《さかいただよ》・土井利勝《どいとしかつ》を館林城に派遣し、病気の康政を見舞ったが、同年五月一四日に五九歳にて没し、遺骸は館林の善導寺《ぜんどうじ》に葬られた。

おぼえ

一①、我らあい果て候以後、遠江（榊原康勝）事、何様にも御父子様（徳川家康・秀忠） 御諚次第の事。

一③、家中老若ともに、何事も遠江守下知違背あるまじく候。若《も》し無沙汰の者あらば、年寄ども相談せしめ、急度《きっと》申し付くべく候。自然年

覚

一、私が死去した後、康勝《やすかつ》のことについては、何であっても大御所・将軍父子様の意向に従うこと。

一、家中全体は、どのようなことでも、康勝の命令に背いてはならない。もし違反する者が

寄ども分別に及ばざる儀候わば、酒井右兵衛太夫殿(忠世)・土肥大炊殿(土井利勝)へ儀を請け、申し付くべく候。

一④、遠江ためと存じ寄り候事これあらば、異見申すべく候。若し私にて承引なく候わば、右の両人指引を請くべく候事。

五月九日　　康政（印）

あれば、年寄たちが協議し、厳しく対処しなさい。万一、年寄たちで判断できないことが生じたら、酒井忠世殿・土井利勝殿に見解を求め、対処しなさい。

一、康勝のためと思ったら、忠告しなさい。もし康勝が我ままに聞き入れなかったら、酒井殿・土井殿両人の指示を受けること。

右は、康政が没する五日前の遺言であるが、全五ヵ条のうち康政の跡を継ぐ榊原康勝に言及した三ヵ条を示した（第二条・第五条を省略）。康勝は当時一六歳で、この年の春に肥後国《ひごのくに》熊本城主加藤清正《かとうきよまさ》の娘と結婚したばかりであった。遺言は家中に対して、①で徳川家への絶対的な服従を指示し、③④で、場合によっては幕閣の酒井忠世・土井利勝の指示を仰ぐこととするとともに、③では家中に対し康勝への服従を指示し、④では必要があれば家中から康勝に意見をすることとしている。幕閣の後ろ盾のもと、康勝と家中との対立を未然に防ぐことを意図したものといえようか。康勝の婚儀を見届けたとはいえ、死期に臨み、まだ若い康勝に対する康政の不安が滲み出ているようである。

（出　典）『館林の大名と藩政　館林市史 資料編3』所収「榊原家史料」館林市、二〇一三年

（参考文献）小宮山敏和『譜代大名の創出と幕藩体制』吉川弘文館、二〇一五年

49 徳川家康《とくがわいえやす》（一五四二―一六一六）

江戸幕府初代将軍。三河国《みかわのくに》岡崎に生まれ、幼くして織田氏《おだし》、今川氏《いまがわし》の人質となる。桶狭間《おけはざま》の戦いを機に今川氏から自立し、織田信長《のぶなが》と提携、三河国を統一。次いで遠江《とおとうみ》、駿河《するが》を領し、本能寺《ほんのうじ》の変後、甲斐《かい》・信濃《しなの》を領国に加える。天正《てんしょう》一二年（一五八四）、小牧・長久手で羽柴秀吉《はしばひでよし》と戦う。その後、秀吉に臣従し、天正一八年、小田原攻めの後、関東に転封《てんぽう》される。慶長《けいちょう》三年（一五九八）秀吉の死後、五大老《ごたいろう》筆頭の地位を占める。慶長五年の関ヶ原の戦いに勝利し、同八年征夷大将軍《せいいたいしょうぐん》に任じられ名実ともに天下人となった。二年後に嫡男秀忠《ひでただ》に将軍の地位を譲るが、なお実権を掌握し、慶長一二年に駿府《すんぷ》に居所を移す。大坂の陣で豊臣氏《とよとみし》を滅亡させる。元和《げんな》二年（一六一六）四月一七日、七五年の生涯を駿府城に閉じた。

臨終候わば御躰《からだ》をば久能《くのう》へ納め、御葬礼をば増上寺《ぞうじょうじ》にて申し付け、御位牌をば三川の大樹《だいじゅ》

（私の）死後、遺体は駿河久能山に葬り、葬礼は江戸の増上寺で行い、位牌は三河の大樹寺に立

寺《じ》に立て、一周忌も過ぎ候て以後、日光に小さき堂を建て、勧請《かんじょう》し候え。八州の鎮守《ちんじゅ》になるべし。

て、一周忌が過ぎた頃下野《しもつけ》日光に小堂を建てて勧請せよ。関東八州の鎮守となろう。

この家康のことばは、死を目前にした元和二年四月二日、枕許に本多正純《ほんだまさずみ》・南光坊天海《なんこうぼうてんかい》・金地院崇伝《こんちいんすうでん》を呼んで申し渡したもので、崇伝が四月四日付で京都所司代《きょうとしょしだい》の板倉勝重《いたくらかつしげ》に送った書状の中に書きとめられたものである。「御躰」「御葬礼」などに「御」とあるのは、家康に敬意を払い崇伝が加えたものである。家康が没した一七日の夜に遺体は久能山に移され、一九日仮殿に埋葬された。五月一七日には江戸の増上寺、三河岡崎の大樹寺で弔《とむら》いの法会が執行された。一周忌を前に日光に小社が建てられ、久能山から柩《ひつぎ》が移された。神号については崇伝と天海とのあいだで論争があったが、権現《ごんげん》とするよう秀忠から朝廷に執奏され、それを受け入れた朝廷から「日本権現」「東光権現」「東照権現」「霊威権現」の神号の案が示され、その中から「東照権現」が秀忠によって選ばれた。これもまた「八州の鎮守」に添った神号である。このように家康が言い残した事柄はほぼ秀忠により実現されている。

〈出　典〉『新訂 本光国師日記』第三、続群書類従完成会、一九六八年
〈参考文献〉藤井讓治『徳川家康』〈人物叢書〉吉川弘文館、二〇二〇年

50 細川忠利《ほそかわただとし》（一五八六―一六四一）

豊前《ぶぜん》小倉《こくら》および肥後《ひご》熊本藩主。細川忠興《ただおき》の三男として生まれ、元和《げんな》七年（一六二一）、忠興隠居後、家督を相続して小倉藩主となり、寛永《かんえい》九年（一六三二）、小倉から転じて加藤氏改易《かとうしかいえき》後の肥後熊本藩主となる。以下の史料は、この転封《てんぽう》の直前、加藤氏改易直後の熊本の状況について、忠利自身が、膳所《ぜぜ》藩主菅沼定芳《すがぬまさだひで》への書状の中で述べたことばである。

> 肥後の儀……中々《なかなか》籠城の体少しも見え申さず候。
> 併《しか》しながら侍の心はおそろしく候間、上使を請
> け付け、俄《にわか》に替わり申すべくも存ぜず候事。

肥後の様子は、まだ籠城になりそうな様子は少しも見えない。しかしながら侍の心というものは恐ろしいものなので、幕府上使の入国を受け入れたあとも、事態が急変することもあるかもしれない。

「侍の心はおそろし」という右のことばは、数千人以上の家臣の上に立つ日本でも有数の大名から発せられた。このことばには、侍は何をするかわからない、予測不可能であるということと、道理が

通らない暴力的な存在であるという意味が含まれている。彼らの上に立つ忠利のような武家領主層が、日本社会において早い段階から政治的なヘゲモニーを手にすることができた最大の理由は、まさに、自他の生命を軽んじる侍の心がそもそも常人にとって理解しがたい「おそろし」さを持っていたからである。

伝記的な形式で忠利に取り組んだ研究を見ると、古くは一九九〇年代に、近世成立期における宮廷政治の形成過程に全力で適応しようとした大名の典型例とした研究（山本博文後掲）があり、近年は、「天下泰平」の実現・維持を求める「ポスト戦国時代統治者」の自己形成という視点から取り上げた研究（稲葉継陽後掲）がある。永青文庫《えいせいぶんこ》等に残された膨大な一次史料から復元された生真面目な忠利のイメージを出発点としている点に共通点があるが、儀礼的政治社会の重視ということと、天下泰平の実現を目的とすることの間には、戦争による暴力の忌避という点でも共通性がある。忠利は、島原《しまばら》・天草《あまくさ》一揆の徹底的な鎮圧等、けっして血なまぐさい暴力と無縁であったわけではないが、より深いところではいつどのような行為に出るかわからない「侍の心」を忌避していたのではないか。それが戦争という破局をもたらすことを最も恐れていたのかもしれない。

〔出　典〕東京大学史料編纂所編『大日本近世史料　細川家史料十六』一六二一号文書「寛永九年六月晦日付菅沼定芳宛細川忠利書状案」一九九八年

〔参考文献〕山本博文『江戸城の宮廷政治』読売新聞社、一九九三年。小宮木代良『江戸幕府の日記と儀礼史料』吉川弘文館、二〇〇六年。稲葉継陽『細川忠利』〈歴史文化ライブラリー〉吉川弘文館、二〇一八年

51 徳《とく》川《がわ》家《いえ》光《みつ》

（一六〇四—五一）

江戸幕府三代将軍。二代将軍徳川秀忠《ひでただ》とその正室浅井氏《あざいし》との間に、長男として生まれる。弟忠長《ただなが》との間に三代将軍となることをめぐる軋轢《あつれき》があったとも伝えられるが、元和《げんな》九年（一六二三）に将軍となり、続いて寛永《かんえい》九年（一六三二）、大御所《おおごしょ》秀忠の死去後、名実ともに最高権力者となる。左は、寛永一二年六月、諸大名を江戸城に集め、武家諸法度《ぶけしょはっと》を林羅山《はやしらざん》から読み聞かせた直後、家光本人が伝えたことばを、熊本藩主細川忠利《ほそかわただとし》から長崎奉行榊原職直《さかきばらもとなお》に書き送ったものである。

其後　上様御成《おなり》なされ、諸大名御側へ召し寄せられ、　上意には、何《いずれ》も存知の如く御直子御坐無く候。明日にも誰々によらず御養子なされ候か、又其内《そのうち》御大事も御坐候はば御遺言にも仰せ置かるべく候。此儀相守るべき由仰せ出さる。

その後、上様（家光）が大広間に出てきて、諸大名を側に集め、「皆も知っているように私には跡継ぎの男子がいない。明日にも養子を決めるか、あるいは私が亡くなりそうなことがあれば遺言に書いておくので、それを守るように」とおっしゃられた。

武家諸法度の伝達と同じ場で、家光は、自分に跡継ぎの男子がいないことを改めて言明し、その解決策を喫緊の課題として検討中であることを強調した。改易《かいえき》され自殺に追い込まれた弟忠長の事件から一年半後の時点で、家光が諸大名に対して言明しなくてはいけなかったことは、けっして自身の血統にこだわり続け問題を先送りにしようとは考えていないということであった。これは、家光自身が言いたくて言った言葉ではない。この問題が曖昧なままで将来家光が没した時の事態を憂慮しているのは、諸大名の側であった。二年後、養子も決まらないまま家光に初めて娘の千代姫《ちよひめ》が生まれるが、出生直後、細川忠利は、家光が千代姫を「つぎ木の台に成ざるべし」と考えているのではないかとの推測を膳所《ぜぜ》藩主菅沼定芳《すがぬまさだよし》に書き送っている。そこではさらに千代姫が「なり木」になって「ミ（実）」がなることもあるというたとえさえも使っている（『細川家史料二十一』三七七〇号文書）。

国家権力の安定維持を世襲制に求める意識は、戦国期の経験を経て支配層の中に強まっていたのかもしれない。そこでは、最高権力者の将軍とその一族といえども、その人間性を無視されかねない存在であった。

（出　典）東京大学史料編纂所編『大日本近世史料　細川家史料十九』二九四九号文書「寛永一二年六月二三日付榊原職直宛細川忠利書状案」二〇〇四年

（参考文献）藤井譲治『徳川家光』〈人物叢書〉吉川弘文館、一九九七年。野村玄『徳川家光』〈ミネルヴァ日本評伝選〉ミネルヴァ書房、二〇一三年

52

板倉重宗《いたくらしげむね》

（一五八六―一六五七）

父板倉勝重《かつしげ》を継ぎ、元和《げんな》六年（一六二〇）より承応《じょうおう》三年（一六五四）までの三五年間、京都所司代《きょうとしょしだい》職にあった。以下は、正保《しょうほう》三年（一六四六）正月五日付で甥の板倉重矩《しげのり》に送った書状の文面である。

大明《みん》より日本の御加勢下され候様にと長崎へ使者の唐人参着申し候也。日本の御手柄、此上これなく候。御加勢遣し申したく候。我ら年より久しく御奉公なりがたく存じ奉《たてまつ》り候間、同じくは大明へ渡り申したく候。侍は油断仕るまじき事にて候。以上。

明国から日本へ援軍をいただきたいとの唐人の使者が、長崎へ到着したとのことである。日本の手柄としてこのうえもないことである。私は年をとってしまい、久しい間、将軍様への奉公ができていないと思っていたので、同じことならば明国へ渡りたい。侍とは油断をしないものである。以上。

前年の正保二年一二月二五日、長崎には、中国南部福州《ふくしゅう》に拠点をもつ明の残存勢力から、日本への援軍要請の書簡を持参した使者が到着した。前々年に北京《ペキン》の明朝皇帝は李自成《りじせい》の乱によって殺され、その後中国本土は、侵入してきた清軍《しん》により征服されつつあった。長崎奉行山崎正信《やまざきまさのぶ》は、翌日付でその書簡と使者の口上書を江戸へ向けて送った。これをうけた江戸からの返状は、「華夷変態」に記されているところでは正月一二日付であるので、少なくともそれ以前に江戸に到着したものと思われる。江戸における結論は、即決で門前払であった。家光《いえみつ》をはじめ幕府内部では、紛争に巻き込まれることを極力避けた。では、それとかけ離れた、この書状に示されたような対外戦争への積極的な姿勢はどう理解すればよいだろうか。日付から考えると、長崎奉行から江戸へ送られる途次の継飛脚状《つぎびきやく》の中身を知ることとなった重宗が、重矩へ個人的見解を述べたということになる。重矩は、重宗の弟板倉重昌《しげまさ》の長子である。重宗は、これのみならず正月一二日付の書付に具体的な出兵計画案（規模・軍勢の構成・戦術・中国現地占領地での知行加増について等々）を記し、これも重矩に送っていた。この計画案は、一九世紀末以降の日本史学界において家光の中国侵略の「雄図」の証左として紹介されていく。

島原《しまばら》・天草《あまくさ》一揆の際に戦死した重昌の汚名を雪ぐという意識も推測できるが、江戸の幕閣との違いは際立っている。対外戦争というものに対する京都所司代板倉重宗のこれほどの軽々しさはどこから来ているのだろうか。家光は、同年一一月、この問題に関する京都の「町人・牢人共」の取沙汰を調べさせた。秀吉の朝鮮侵略から五〇年後の上方《かみがた》では、対外戦争の実相を想像できず、むしろ不景気や仕官問題の解決を期待する空気が存在していなかったか。約七〇年後、大坂では国性爺物《こくせんやもの》が大評判をとる。

（出　　典）国文学研究資料館寄託福島板倉家文書八一号「（正保三年）正月五日付板倉重矩宛板倉重宗書状」
（参考文献）小宮木代良「「明末清初日本乞師」に対する家光政権の対応」『九州史学』九七、一九九〇年

53 立花忠茂《たちばなただしげ》（一六一二―一六七五）

筑後柳川《ちくごやながわ》城主。立花宗茂《むねしげ》の養子（実は宗茂実弟直次《なおつぐ》の四男）となる。寛永《かんえい》六年（一六二九）に宗茂の「内儀」の隠居があったが、宗茂の隠居が正式に将軍家光《いえみつ》から認められるのは寛永一五年一〇月であった。柳川藩一〇万九〇〇〇石余の当主として領国経営にあたり、また島原《しまばら》・天草一揆《あまくさいっき》、長崎警備の際の公儀軍役負担等を指揮した。さらに、正室が仙台藩主伊達忠宗《だてただむね》の娘であったことから、伊達家の親類大名として相談役となり、伊達騒動への対応にも関与した。左の史料は、寛文《かんぶん》三年（一六六三）七月九日に、跡継ぎの実子立花鑑虎《あきとら》に対して書き送った書状の一節である。

先月三日申し渡し候ごとく、万事其《そ》の日其の方へ相《あい》渡し候上は、我ら義は先月三日に死人に罷《まかりなる》成と堅く覚悟相極《き》め申し候。

先月三日に申し渡したように、すべてのことをお前に任せた上は、私はすでに先月三日に死人になったものと堅く覚悟している。

この前後の内容を補足しながら説明すると、この時、忠茂も鑑虎も江戸のそれぞれの屋敷にいて、文中にある六月三日に、忠茂は鑑虎へのすべての権限委譲を宣言した。ところが七月八日、鑑虎の家臣たちから、その日柳川へ送る書状の内容について忠茂の意向の確認を求めてきたので、忠茂は非常に立腹し、自分は先月三日に死人になったと覚悟しているという表現で、鑑虎たちへの自覚を促している。正式に幕府から忠茂の隠居が許されるのは翌年閏五月七日であったが、すでに藩内では、忠茂の隠居が忠茂の強いイニシアティブのもと推し進められていた。

当時の大名たちとその周囲にとっての隠居の意味を考える材料として興味深い。忠茂はこの後在江戸の隠居として一〇年以上を生きた。その間、伊達騒動にも引き続き関与せざるをえなかったが、和歌に熱中し、また黄檗禅《おうばくぜん》に深く帰依した。とりわけ後者は、木庵十哲《もくあんじってつ》の一人鉄文道智《てつぶんどうち》を鑑虎を通じて招聘させ、彼を開山とするために菩提寺の福厳寺《ふくごんじ》を曹洞宗《そうとうしゅう》から臨済宗黄檗派に改めさせ、その影響は領内全域に及ぶほどであった。「死人」になったといいながらも、その後の存在感は十分に大きいといわなくてはならない。肉体的あるいは精神的な衰えを自覚しては、「死人」などと称してそれまでの面倒な世事からの解放を求めるが、一方では、残された時間の中で、人生の意義を強く求めてさまざまな要求が生じ、現世にも深く関与せざるをえない。誰の身の上にも当てはまることではあるが、大名の親という立場であるだけに、その要求が通ってしまう可能性は大きかった。

〈出　典〉『柳川市史　史料編Ⅴ　近世文書前編』立花文書二五二「(寛文三)年七月九日付立花鑑虎宛立花忠茂書状」二〇一一年

〈参考文献〉中野等・穴井綾香『近世大名立花家』〈柳川の歴史4〉柳川市史編集委員会編、柳川市、二〇一二年

54 後水尾天皇《ごみずのおてんのう》（一五九六—一六八〇 在位一六一一—二九）

第一〇八代天皇。後陽成《ごようぜい》天皇の第三皇子。母は近衛前久《このえさきひさ》の娘（前子《さきこ》、中和門院《ちゅうわもんいん》）。諱《いみな》は政仁《ことひと》。元和《げんな》六年（一六二〇）、徳川秀忠《とくがわひでただ》の娘和子《まさこ》を女御《にょうご》（のちに中宮《ちゅうぐう》、東福門院《とうふくもんいん》）とする。寛永《かんえい》六年（一六二九）に譲位し、慶安《けいあん》四年（一六五一）には落飾して法皇《ほうおう》となる。譲位後も寛文《かんぶん》九年（一六六九）まで断続的に院政をとり、朝廷内と朝幕間において大きな存在感を有した。その生涯は寛永文化の時代にあたり、修学《しゅがく》院離宮《いんりきゅう》を営むなど、その中心的存在であった。特に和歌を好み、御製《ぎょせい》は千数百首にも及ぶ。

御芸能の事は、禁秘鈔《きんぴしょう》（抄）に委《くわし》く載《のせ》られて候えども、今の世に候えば、和哥第一に御心にかけられ、御稽古あるべき事にや。先《ま》ず和国の風義（儀）といい、近代ことにもてあそばるる道也。

天皇が身につけるべき教養については、『禁秘抄』に詳しく記されていますが、今のような世の中なので、和歌を第一（に修めるべき教養）と御心掛けになり、御稽古なされるべきではないでしょうか。なにしろ（和歌は）日本で古来より嗜まれてきたもので、当世においても特に馴

れ親しまれている道なのですから。
――

後水尾天皇は、位を退いてから後のある時期、子の後光明《ごこうみょう》天皇に訓誡状を三通、書き与えている。右は、そのうちの一通に認《したた》められた一節である。後光明天皇は和歌よりも漢詩や漢学を好んだことが知られているが、そうした天皇に後水尾は、同じ訓誡状に「漢才、又いか程の御事にても飽き足らず候か」と認め、漢学はいくら勉強してもしすぎることはないと理解を示しながらも、『禁秘抄』（天皇に必要な有職故実《ゆうそくこじつ》を、鎌倉時代の順徳《じゅんとく》天皇が皇子のために記した書物）では漢籍の学習、音楽に次いで、第三番目の位置づけでしかない和歌を、最優先に身につけるべきであると諭すのである。

右の一節に記されている「今の世」とは、別の訓誡状に「別《わけ》て今程、万端《ばんたん》武家のはからい候時節に候えば、禁中とても、万事《ばんじ》旧例に任《まかせ》て御沙汰あるべき様もなき躰《てい》に候」と記されている通り、江戸幕府が全国を支配し、天皇の意のままにはならない世の中のことである。そうした現実の下、天皇の存在意義、アイデンティティーをどこに見出すべきかを考えた時、漢学も結構だが、日本古来のもので、中世には天皇を象徴する芸能となった和歌の稽古に、最優先で精力を注ぐべきではないか――。後水尾天皇はこうした明確な問題意識をもち、朝廷の主として現実を直視し、芸能（教養）に対する重点の置き所を考えるよう、後光明天皇に訴えかけたのである。

（出　典）帝国学士院編『宸翰英華』第二冊、紀元二千六百年奉祝会、一九四四年

（参考文献）熊倉功夫『後水尾天皇』中央公論新社、二〇一〇年。松澤克行他『天皇の歴史10　天皇と芸能』講談社、二〇一八年

55 貝原益軒《かいばらえきけん》（一六三〇―一七一四）

儒学者《じゅがくしゃ》・本草学者《ほんぞうがくしゃ》として著名な貝原益軒は、寛永《かんえい》七年（一六三〇）に福岡藩士の家に生まれた。益軒は庶民教育にも意を注ぎ、『養生訓《ようじょうくん》』などの教訓書の著者としても名を知られているが、同書は益軒が没する前年の正徳《しょうとく》三年（一七一三）、彼が八四歳の時に京都の書肆《しょし》から刊行された。長い人生経験をもとに、人々の健康問題を包括的に論じた著作であるが、その巻第四に次のような一節がある。

酒を飲むには、各人によりてよき程の節あり。少し飲めば益多く、多く飲めば損多し。性謹厚なる人も多飲を好めば、むさぼりて見苦しく、平生の心を失い、乱に及ぶ。言行ともに狂《きょう》せるがごとし。其平生とは似ず。身をかえり見、慎むべし。若き時より早くかえり見て、みずから

飲酒には、人によって適量がある。少量にすれば健康に良いが、飲み過ぎは健康を害する。謹厳・温厚な人でも、多飲すれば切りがなくなり、平常心を失い、行動が乱れる。言行が異常になり、普通の状態とはいえなくなる。自身を顧みて自重しなさい。若いうちから心がけ、自分自身で気を付け、父兄も子弟が若いうちに注意し

戒め、父兄もはやく子弟を戒むべし。久しくならえば性となる。くせになりては、一生改まりがたし。生れ付て飲量少なき人は、一二盞飲めば、酔て気快く楽あり。多飲の人と其楽同じ。多飲するは害多し。

なさい。多飲を長く続ければ習慣となる。習慣となっては、一生改善できない。生まれつき多く飲めない人は、ちょっと飲めば酔って気持ちよくなるが、それは多飲する人も同じである。飲み過ぎは健康にとって弊害となる。

詳しい解説は不要かと思うが、酒の多飲とそれに伴う逸脱行為を戒めた一節である。「多飲するは害多し」――多飲気味の生活をしている身には耳が痛いところであるが、益軒が健康問題を論ずるにあたり飲酒に言及しているのは、それが広く普及してきていたことが背景にあったといえよう。

それにしても、今も昔も酒をめぐるトラブルは絶えない。江戸時代においても、〝酒狂詫証文〟とでもいえる史料を目にすることはめずらしくない。それら酒狂詫証文には、必ず「お互い恨みはなく、酒に酔って前後不覚に陥り、このようなことになり……」といった文言が載っている。逸脱行為も酒の上でのこととして許される、という慣習の存在を指摘できる。これを道徳的観点から悪習とみることもできるが、村や地域の平和回復のための方策ともいえる。ともあれ、『養生訓』の刊行後も、江戸時代を通じて酒狂詫証文がなくならなかったことに、益軒はどんな思いでいるだろうか。

〈出　典〉貝原益軒著／石川謙校訂『養生訓・和俗童子訓』〈岩波文庫〉岩波書店、一九六一年
〈参考文献〉井上忠『貝原益軒』〈人物叢書〉吉川弘文館、一九八九年

56 新《あら》井《い》白《はく》石《せき》（一六五七―一七二五）

江戸時代の儒学者《じゆがくしや》で、六代将軍徳川家宣《とくがわいえのぶ》のもとで政治家としても活躍した新井白石は、ローマ法王の命で日本に潜入した宣教師ジョヴァンニ・バッティスタ・シドッティを尋問して得た知識に基づき、『西洋紀聞《せいようきぶん》』『采覧異言《さいらんいげん》』を著し、海外事情を紹介した。シドッティは宝永《ほうえい》五年（一七〇八）に屋久島で捕えられ、翌年江戸に送られた。宝永六年一一月二二日から、四回にわたって小石川の切支丹《きりしたん》屋敷で取調べが行われた。通訳が万全とはいえないなか、両者は「議論」と呼べるレベルで語り合っている。

凡《およ》そ其人、博聞強記《はくぶんきようき》にして、彼方多学の人と聞えて、天文地理の事に至ては、企及ぶべしとも覚えず。……其教法を説くに至ては、一言の道にちかき所もあらず、智愚たちまちに地を易《か》へて、二人の言を聞くに似たり。ここに知りぬ、

その人は、広く物事を聞き知ってよく覚えており、あちら（ヨーロッパ）では多くの学問を修めた人として有名であり、天文地理のことに関しては、望んでもそこまで行くことはできないほどだ。……（ところが）その宗教の教えとして説くところは、一言も道に近いところがない。

彼方の学のごときは、ただ其形と器とに精《くわ》しき事を、所謂《いわゆる》形而下なるもののみを知りて、形而上なるものは、いまだあずかり聞かず。

知者と愚者がたちまち入れ替わり、二人の別人の言うことを聞くようだ。ここでわかったのは、あちらの学問というものは、ただ形や量などに詳しい、いわゆる形而下の知識ばかりだということで、形而上のものは聞いたことがない。

右は『西洋紀聞』の一節で、ヨーロッパの学問の価値を、知識や技術の優秀さと捉える後半部分は有名である。白石にとっては、受け入れられないキリスト教の教義を説く目の前の宣教師が、尊敬できる学識を持つ素晴らしい人物であることこそが重要だったのだろう。友人の安積澹泊《あさかたんぱく》に宛てた書簡の中で彼は、「ローマ人に度々出会い候事、凡そ一生の奇会たるべく候」と述べている。シドッティも白石を「我方におわしまさむには、大きにする事なくしておわすべき人にあらず」（我々の方にいたら、大きなことを成し遂げずにいる人ではない）と評しており、互いを認め合っていたものと思われる。

白石は、切支丹屋敷に軟禁されていたシドッティを気にかけ続けており、正徳《しょうとく》二年（一七一二）に、江戸参府中のオランダ商館長を訪問した際には、シドッティの尋問に用いたものであろう地図類を見せてさまざまな質問をし、酒を飲みながら、「最近、神父ヨアンを獄舎に度々訪問した、彼は元気だ」と語っている。右の記述には、二人の間につかのま宿った共感の記憶が込められている。

（出　典）新井白石／宮崎道生校注『新訂　西洋紀聞』〈東洋文庫〉平凡社、一九六八年

（参考文献）宮崎道生『新井白石』〈人物叢書〉吉川弘文館、一九八九年

57 近衛家熙《このえいえひろ》（一六六七—一七三六）

江戸時代中期の公家。五摂家《ごせっけ》の一つ近衛家の第二一代当主。享保《きょうほう》一〇年（一七二五）、落飾して予楽《よらく》院真覚虚舟《いんしんかくきょしゅう》と号す。和漢の学に精通し、朝儀典礼を明めるため『唐六典《とうりくてん》』の研究・校訂に注力したほか、少年期より才能を発揮した入木道《じゅぼくどう》（書道）をはじめ、茶の湯・香・立花などさまざまな芸能にも通じた。家熙のそうした博学多才振りと、その蘊蓄《うんちく》に基づいて述べられた教訓は、近衛家出入りの医者山科道安《やましなどうあん》が祗候《しこう》の際の見聞《みきき》に従って筆録した、『槐記《かいき》（槐下与聞《かいかよぶん》）』に詳しい。次に掲げるのは、その『槐記』からの言葉である（享保一二年正月九日の条）。

今の茶湯のけいこ（稽古）仕り様は、あちらこちらなり。たてまえ（点前）を先《ま》ず習い覚えて後、何もかも習わんと思う故に、たてまえを一通り習い覚えたるまでにて、一つ一つの道具のさばき（捌）を知らず。先

今の茶の湯の稽古のやり方は、あべこべである。まず点前《てまえ》を習いおぼえてから、個別のことをあれこれ学ぼうとするので、点前を一通りおぼえただけで、一つ一つの道具の扱い方を理解しないままとなってしまう。まずは道具の扱い方か

ず道具のさばきより覚え得《う》べし。　――ら習得するべきである。

まずは点前（手前）をおぼえてから道具の扱いについて習うという近年の茶の湯の学び方について、本末転倒したことであると批判したものである。家熙は別な時にも道安に、昔（一七世紀後期）は道具の扱い方を一つ一つ実習吟味し、それぞれ納得したものを総合化して自分の点前としたが、今は「一遍通りは誰もあたまから立てらるるようにする故に、誰も一筋を吟味しおほせ（果）ることなし」といった有様であると語り、最初に一連の点前を教え込み誰でも茶を点てられるようにする、昨今の茶の湯の教え方を批判している（享保一一年一二月二三日条）。

　こうした批判がなされた背景には、『槐記』の他の記事からうかがえるように、家熙が型や口伝といったものを絶対視したり鵜呑みにしたりはせず、一つ一つ考察して合理的に理解しようとする姿勢の持ち主であったということがあろう。もっとも、そうした個性の問題だけではなく、一八世紀に入ると享受人口がますます増大して茶の湯が大衆化、遊芸化し、それに対応するため教授方法が合理化された状況に対し、家熙が厳しい目を向けているという点にも注意する必要がある。この時期、太宰《だざい》春台《しゅんだい》も遊芸化した茶の湯を批判しているが（『独語《どくご》』）、一八世紀前期は、膨大な遊芸人口を前提とする家元制成立を目前とした文化的転換期であったため、こうした声があげられるようになったのである。

（出　典）千宗室他編／柴田実校訂『槐記』〈茶道古典全集5〉淡交新社、一九五八年

（参考文献）佐伯太「予楽院家熙公小伝」『槐記注釈』上、立命館出版部、一九三七年

58 竹内式部《たけのうちしきぶ》（一七一二―六七）

越後国《えちごのくに》出身の神道家。諱《いみな》は敬持《たかもち》。一〇代後半に上京し、公家《くげ》の徳大寺《とくだいじ》家に仕える。松岡仲良《まつおかちゅうりょう》・玉《たま》木《き》正英《まさひで》について儒学と垂加《すいが》神道を修め、多くの公家衆を門人として神道や儒学を説く。宝暦《ほうれき》八年（一七五八）、門人の正親町公積《おおぎまちきんつむ》・徳大寺公城《きんむら》らが、関白の命に従わず、桃園《ももぞの》天皇に垂加流で『日本書紀《にほんしょき》』神代巻の進講を行って粛正される事件が起きると（宝暦事件）、式部も京都所司代《きょうとしょしだい》の吟味を受け重追放に処される。その後、明和《めいわ》四年（一七六七）、明和事件への関与を疑われて詮議《せんぎ》を受け、密かに京都へ立ち戻ったことが罪に問われて八丈島へ流罪となり、配所への途中、三宅島で没した。

日本に於《お》いて、天子程貴き御身柄はこれなく候に、将軍を貴しと申す儀は人々も存知《ぞんじ》し、天子を貴しと存ぜず候。子細は如何《いかが》の儀にてこれあるべき哉。是は、天子、御代々御学問不足し御

日本には、天皇ほど貴いご身分の方はいらっしゃいませんが、人びとは徳川将軍が偉いということは知っていても、天皇が貴いということは知りません。これは、学問不足による歴代天皇のご不徳と、関白以下、公家《くげ》衆の非器無才のせ

不徳。臣下、関白已下、何《い》れ《か》も非器無才故《ゆえ》の儀に候。天子より諸臣一等に学問を励み、五常の道備わり候へば、天下の万民、皆その徳に服して天子に心を寄せ、自然と将軍も天下の政統を返上せられ候様に相成《あいな》り候儀は必定。実に掌《てのひら》を反（返）すが如く、公家《こうか》の天下に相成り候。

いです。天皇・公家衆が等しく（垂加流の）学問に励み、五常（仁・義・礼・智・信）を身につけたならば、天下の民は皆その徳に服して天皇に心を寄せるようになり、将軍も天下の統治権を天皇に返上することになるのは間違いありません。掌を返すかのように、天下は朝廷のものとなるのです。

これは、宝暦事件の吟味の際に明らかとなった、門人の公家衆に対する式部の講釈の一部である（『広橋兼胤公武御用日記《ひろはしかねたねこうぶごようにっき》』宝暦八年七月一五日条）。彼は右のように王政復古を展望し、また「名分《めいぶん》の儀を甚だしく申し立て」て「関東（幕府）を誹《そし》」るなどしたことから、戦前には尊皇家として高く評価された。もっとも、その教え自体は典型的な名分論で、特別なものではない。しかし、当時の公家社会に蔓延した閉塞感のなか、朝廷が政権を再び手にできる可能性や、それに備えた為政者としての自覚を説き、また将軍家重《いえしげ》を「月額頭《さかやき》の内大臣」と嘲弄したり、『太平記《たいへいき》』などの軍記物を引用するなど、面白くてわかりやすく進められる講釈に、多くの公家衆が魅了され影響を受けたのである。

（出　典）東京大学史料編纂所編『大日本近世史料　広橋兼胤公武御用日記』八、二〇〇七年
（参考文献）徳富猪一郎『近世日本国民史』第二二巻　宝暦明和篇、民友社、一九二六年。高埜利彦「後期幕藩制と天皇」『近世の朝廷と宗教』吉川弘文館、二〇一四年

59 平賀源内《ひらがげんない》（一七二八―七九）

江戸時代中期の本草《ほんぞう》・物産学者で、戯作《げさく》者・浄瑠璃《じょうるり》作者としても活躍した平賀源内は、享保《きょうほう》一三年（一七二八）に高松藩《たかまつはん》の蔵番の子として讃岐国寒川郡《さぬきのくにさんがわぐん》志度浦に生まれた。宝暦《ほうれき》二年（一七五二）に最初の長崎遊学に出、帰郷後には家督を妹婿に譲り江戸へ出た。田村藍水《たむららんすい》に学び、物産会の開催、『物類品隲《ぶつるいひんしつ》』の刊行など、本草・物産学者として注目された。一時は高松藩に再度仕官したが、宮仕えの不自由を嫌って退職を願い、藩はそれを許す際、他藩への出仕を禁じたため、終生浪人生活を送る。石綿の発見と火浣布《かかんぷ》の発明、オランダ製の寒暖計の模造、秩父《ちちぶ》や秋田での鉱山の開発、「源内焼」などの製陶事業、緬羊《めんよう》の飼育と毛織物「国倫織《くにともおり》」の試作、炭焼き事業、菅原櫛《すがわらぐし》や金唐革の製造販売、さらには滑稽本《こっけいぼん》の先駆けとされる『根南志具佐《ねなしぐさ》』『風流志道軒伝《ふうりゅうしどうけんでん》』などの談義本や、『神霊矢口渡《しんれいやぐちのわたし》』に代表される浄瑠璃本の執筆など、源内は優れた発想と行動力で多くのことを手掛けた。特に有名なのが、オランダから輸入されたエレキテル（摩擦起電機）の修理・復元で、自身でも類品を作成した。

彼は、本草・物産を学ぶ者として実証を重んじた。新しい技術を開発し、その実用を図る企業家的な活動も、現実的・合理的な思考に基づくものであり、また輸入品の国産化など「国益」をめざすものでもあった。しかし、こうした活動は必ずしもうまくはいかず、仕官の道も閉ざされていた彼は、拝金的と言われる田沼時代に、人生の多くの部分を金に困っての口過ぎに費やすことになった。

……大勢の人間の、しらざる事を拵《こしら》えんと、産を破り禄を捨て、工夫を凝らし金銀を費やし、工《たくみ》出《いだ》せるもの此えれきてるのみにあらず。是まで倭産になき産物を見出せるも亦《また》少なからず。世間の為に骨を折れば、世上で山師と譏《そし》れども、鼠《ねずみ》捕る猫は爪をかくす。我よりおとなしく人物臭き面《つら》な奴に、却《かえつ》て山師はいくらも有り。

大勢の人の知らないものを作ろうと、財産を失い禄を捨て、工夫を凝らして金銀を費やして作り出したものは、エレキテルばかりではない。これまでに日本になかった産物の発見も少なくない。世間のために苦労を重ねているのに、世の人は山師と非難するが、ネズミを捕る猫は爪を隠すように、大人しく立派な人物ぶった人に、かえって詐欺師はいくらもいる。

工夫を凝らし新しいものを生み出しているという強い自負と自信の一方で、「山師」とそしられ、それをひどく気にしていたようである。世間に本当の自分が理解されていない、という無念が伝わってくる。有り余る才能を、そして自分自身の心をも持て余しつつ、世に悪態をつくしかない鬱積の中で、源内は、安永《あんえい》八年（一七七九）、誤って人を殺し、獄中で不本意な最期を遂げる。

（出　典）中村幸彦校注『風来山人集』〈日本古典文学大系〉所収『放屁論後編』〈風来六部集　上〉岩波書店、一九六一年

（参考文献）城福勇『平賀源内』〈人物叢書〉吉川弘文館、一九七一年。同『平賀源内の研究』創元社、一九七六年

60 田《た》沼《ぬま》意《おき》次《つぐ》（一七一九―八八）

知行六〇〇石から五万七〇〇〇石の大名・幕府老中《ろうじゅう》に出世したその生涯は、毀誉褒貶《きよほうへん》相半ばしている。一方でワイロと汚職にまみれた悪徳政治家、他方で斬新な経済政策を推進した革新的政治家、まったく相反する評価を受けてきた。

武芸懈怠《けたい》なく心掛け、家中の者どもへも油断なく申し付け、若き者どもは別して出情（精）候ように心掛けさせ、他見苦しからざる芸は折々見聞致させ、間々《まま》には自身も見物これ有るべく候。且又《かつまた》武芸心掛け候上、余力をもって遊芸《ゆうげい》いたし候義は勝手次第、差し留めるに及ばず候事。但し、不埒《ふらち》成る芸は致させまじく候事、勿論

自身は武芸を怠りなく心がけ、家中の者たちへもぬかりなく武芸に努めるよう命じ、若者たちは特に熱心に武芸に励むよう心がけさせ、他見させても構わない武芸は、時々重臣らに見聞させ、時として自身でも見物すべきである。また、家中の者が武芸に励んだ上、余力があるならば遊芸をすることは自由であり、差し止める必要はない、ただし、不埒な遊芸をさせないことは

に候事。　　　　　　　　　　　　　　――勿論である。

右は執筆年不詳の「田沼意次遺訓案」で、藩主となる子孫に与えようとした七ヵ条からなる遺訓の草案である。その内容は、将軍への忠節、親族や一族との交際、家来の扱い方、権勢者との付合い、藩経済の重要性など多岐にわたり、意次自身の体験や生き方をふまえた細やかな教訓が語られている。第五条で、藩主自身が武芸に心がけ、家来たちに武芸を奨励するのは、大名家訓や遺訓ではありふれているが、武芸の後に遊芸に親しむことは自由だと容認している点は異例であろう。遊芸、しかも不埒ではない遊芸とは何をさすのか漠然としているものの、学問（儒学）と武芸以外と幅広く理解すべきであろう。田沼時代は宝暦天明《ほうれきてんめい》文化の花開いた時期とされ、江戸時代の文化は、元禄《げんろく》文化と化政《かせい》文化で語られてきたが、現在ではその間に宝暦天明文化を挟んで理解するように修正されている。国学・蘭学という新たな学問、川柳《せんりゅう》、狂歌《きょうか》、洒落本《しゃれぼん》、黄表紙《きびょうし》などの文芸、写生画や洋風画、浮世絵にみる絵画、歌舞伎や邦楽などの芸能、さまざまなジャンルの新たな発展や試みの横溢《おういつ》した時代であった。その背景には、幕府の最高権力者田沼意次の考え方もあったのではないか。幕臣や諸藩家来などの遊芸に厳しかった松平定信《まつだいらさだのぶ》と比較すると、さらにいっそう興味深い。

〈出　典〉『相良町史』資料編近世一所収、「田沼意次遺訓案」一九九一年
〈参考文献〉藤田覚『田沼意次』〈ミネルヴァ日本評伝選〉ミネルヴァ書房、二〇〇七年。同『田沼時代』〈日本近世の歴史4〉吉川弘文館、二〇一二年

61

松《まつ》平《だいら》不《ふ》昧《まい》（一七五一―一八一八）

出雲国《いずものくに》松江《まつえ》一八万六〇〇〇石の第七代藩主。諱《いみな》は治郷《はるさと》。明和《めいわ》四年（一七六七）、家督を相続し、家老朝日丹波《あさひたんば》を用いて、破綻した藩財政の再建をはかる。文化《ぶんか》三年（一八〇六）、致仕《ちし》し、剃髪して不昧と号す。茶人として有名で、二〇歳の時には早くも茶論『贅言《むだごと》』を著し、当時の遊芸化した茶の湯を厳しく批判した。また、天下の名物茶器を調査・研究し、『古今名物類聚《ここんめいぶつるいじゅう》』を編纂して道具の時代区分と分類を行うなど、近代茶道の祖と評価される。自らも茶道具を数多く蒐集して、「雲州名物《うんしゅうめいぶつ》」と称される一大コレクションを形成し、茶の湯界に大きな存在感を示した。

次に掲げるのは、享和《きょうわ》二年（一八〇二）、不昧が江戸の茶友に宛てた書状の一節である。

京・大坂ともに、見かけハ利休《（千）》も宗旦《（千）》も存命の様ニ見え候へども、手に取り候へハ、江戸程、茶の吟味強くむつかしく候事ハ、これなく候。

京都・大坂の茶の湯は、表面的には千《せんの》利休《りきゅう》や千宗旦《そうたん》が生きている時のままであるかのように見えますが、じっくり観察してみると、江戸のように茶の湯に対して真摯に向き合うことは行

当時、江戸の茶人、三都の第一と存ぜられ候。京・大坂に茶の湯らしきハ、昔の事やと存じ候。……当時ハ、茶といふものハ、江戸に止（留）り候と見へ候。

われていません。今は江戸の茶人が三都第一であると思われます。京都・大坂の茶の湯が本当のものであるというのは、昔の話なのです。……現在、本物の茶の湯は、江戸に残されているように思います。

この時、不昧は江戸へ参勤する途中、京都・大坂に立ち寄り、三井などの豪商から茶の湯振舞を受けた。そして、良い機会なので千家の茶を体験しておこうと思い立ち、裏千家に申し入れをした。すると、「公式に御出になるならば銀五〇枚、御忍びならば三〇枚申し受けます」との返事が来る。不昧は仰天し、茶はいらないので数寄屋《すきや》と庭の見物だけしたいと伝えると、それでも一〇枚必要だと言われた。表千家・藪内家など他の家元にも感心できぬことがあり、不昧は書状で彼等を「不茶人」、「家本（元）かくの如きの義、千家ニ茶道ハ絶え候事に候」などと、痛烈に批判している。

こうした京都の家元に対する批判の背景には、右の一節にあるように、真の茶はもはや上方《かみがた》ではなく江戸にあるのだという、不昧の確固たる自信の存在があったのである。そして、それはまた、江戸が文化的存在感をもち、自己主張をし始めた表れでもあった。化政文化の時代を目前に、まさしく「文化東漸」の状況を伝えた、同時代人の貴重な証言である。

（出　典）松平家編輯部編『松平不昧伝』中巻、箒文社、一九一七年

（参考文献）熊倉功夫『近代茶道史の研究』思文閣出版、二〇一六年。木塚久仁子『松平不昧』宮帯出版社、二〇一八年

62

松平定信《まつだいらさだのぶ》

（一七五八—一八二九）

三卿《さんきょう》の田安宗武《たやすむねたけ》の子で八代将軍徳川吉宗《よしむね》の孫として誕生、陸奥白河《むつしらかわ》松平家の養子に入り白河藩主となり名君と謳《うた》われた。三家・三卿の運動により老中《ろうじゅう》に就任、一一代将軍家斉《いえなり》の将軍補佐ともなって寛政《かんせい》の改革を主導した。内憂のみならず外患も迫る一八世紀末の時代の曲がり角で、幕府再強化のため幕政改革に取り組んだ。政治と文化に多くの足跡を残し、隠居して楽翁《らくおう》と号した。

已来《いらい》交易の義好まざる義に候えども、是亦《これまた》あい成らずと申し候せつは、かえって好みて隙《げき》を生じ候間、長崎にて願わせ、代ロ物《しろもの》がえ等の義長崎にてかけ合い、その上已来長崎にて交易仰せ付けらるべく候か、又は蝦夷地《えぞち》にて交易仰せ付けらるべく候か、逐《お》ってゆるゆる評議いたし尤

ロシアとの交易は好むことではないが、これもだめだと言えばこちらから求めて不和を生むことになるので、長崎で願わせ、代物替《しろものがえ》（船載品と銅・海産物を物々交換する方式の貿易）などの貿易方法を長崎で交渉し、その上で以後、長崎で交易を許すか、蝦夷地で交易を許すか、のちほどゆっくり評議するのが最善だろう。

も然るべく候。

寛政四年（一七九二）に漂流民大黒屋光太夫《だいこくやこうだゆう》らの送還をかね、日本との通商関係樹立をめざして根室に渡来したロシア使節ラクスマンへの対応をめぐり、幕府内部で評議が繰り返された。松平定信は、強大国ロシアとの紛争を回避するため、ロシア船の長崎入港を許可する信牌《しんぱい》を授ける策を発案した。史料は、それに従ってロシア船が長崎にやってきた場合、交易を認めたくはないが、紛争を避けるため長崎か蝦夷地で交易を認めることを覚悟していたことを示している。

欧米諸国との戦争（紛争）を避けるためには交易も容認するという政策は、幕末まで引き継がれた。しかし、ラクスマンへは交易の可能性を臭わせておきながら、文化《ぶんか》元年（一八〇四）に長崎に来日したロシア使節レザノフへは通商を拒絶した幕府の回答は、信義に反するものとして批判をうけ、ロシアとの北方における紛争の要因となった。

（出　典）東京大学史料編纂所蔵謄写本「魯西亜人取扱手留」、渋沢栄一『楽翁公伝』岩波書店、一九三七年

（参考文献）藤田覚『近世後期政治史と対外関係』東京大学出版会、二〇〇五年。高澤憲治『松平定信』〈人物叢書〉吉川弘文館、二〇一二年

63

菅江真澄《すがえますみ》

（一七五四?—一八二九）

江戸時代後期の旅行家、文人。本名白井秀雄《しらいひでお》。宝暦《ほうれき》四年（一七五四）頃、三河《みかわ》国に出生。尾張《おわり》で和歌などを学び、岡崎を中心に歌人として活動したが、天明《てんめい》三年（一七八三）に旅立ち、生涯独身で遊歴の生活を送った。彼は和歌などを媒介に各地の文人や知識人と知り合い、その援助を受けながら東北・北海道を旅した。国学、博物・考証、本草・医学、宗教にも関心が深く、人々の日常生活や行事を見聞・体験し、詳細な記録を数多く残した。

真澄は寛政《かんせい》四年（一七九二）から七年まで下北で過ごし、その間に何度か宇曽利山菩提寺《うそりさんぼだいじ》——現在、地蔵菩薩の霊場として有名な恐山《おそれざん》——を訪ねた。次は、真澄の日記の一つ『おくのうらうら』寛政五年六月二三日条で、管見の範囲で恐山の地蔵会《じぞうえ》に関する最初の記録である。

午未の頃より村々里々の人あまた来集り。国々の修行者、鉦鼓《かなつづみ》を打ち、鈴振りまぜて、阿弥

昼過ぎ頃より村々から多くの人が集まってくる。諸国の修行者は鉦鼓を打ち、鈴を振りながら阿弥陀仏を唱えている。……老若男女は薄い板に

陀仏を唱え、……柾仏《まさぼとけ》とて削板《そぎた》に書たるひともと、六文の銭にかえて、老たる若き男女手ごとに持ち至り、この棚（盆棚）に置きて水むすびあげ、あなはかな、わが花と見し孫子よ、かくこそなり行しか、わが同胞《はらから》、妻・夫（つま）よ、子と、あまたの亡《な》き魂《たま》呼びに、泣き叫ぶ声、念仏《ねんぶち》の声、山にこたえ、こだまに響きぬ。

戒名を書いた柾仏を六文で買い求め、手に手に持ってきて棚に置き、水を汲んで供え、「ああ、はかない、花のように思っていた孫子よ」、「こうなってしまったか、兄弟姉妹よ、妻よ、夫よ、子よ」と多くの人が死者の霊魂に呼びかける声に加え、泣き叫ぶ声や念仏の声が山にあたって、こだまが響く。

真澄は信仰の場としての恐山だけでなく、境内に湧く温泉で湯治する人の小屋が並ぶ様子や、頭から湯をかぶるこの地方の湯治法や、湯治客がもたらしたロシア船の噂なども記録し、当時の恐山の多面性を伝えている。

真澄は文化《ぶんか》八年（一八一一）に久保田藩校明徳館《めいとくかん》教員の那珂通博《なかみちひろ》と知り合い、のちに藩主佐竹義和《さたけよしまさ》の知己も得た。日記類の大部分を明徳館に献納する一方、同藩領内の地誌作成に携わって調査旅行を続けたが、文政一二年（一八二九）に角館かその付近で病死した。

〔出　典〕内田武志・宮本常一編『菅江真澄全集』第二巻、未来社、一九七一年
〔参考文献〕菅江真澄著／内田武志・宮本常一編訳『菅江真澄遊覧記』三〈東洋文庫〉平凡社、一九六七年。菊池勇夫『菅江真澄』〈人物叢書〉吉川弘文館、二〇〇七年

64

豊田《とよた》みつぎ（一七七四―一八二九）

近世後期大坂で起きた異端的宗教摘発事件の中心人物。みつぎは幼時に家族と共に越中国《えつちゆうのくに》（富山県）から京都に移住し、下女奉公や遊女奉公などを経験した。陰陽師《おんみようじ》の男性と結婚し占いや祈祷《きとう》を覚えたが、他の遊女に馴染んだ夫に離縁された。彼女は再婚せずに祈祷師として生きる道を選び、幻影を顕すなど不思議な術を使う水野軍記《みずのぐんき》に師事した。彼は閑院宮家《かんいんのみやけ》に祐筆《ゆうひつ》として使える傍ら、利瑪竇《りまとう・マテオ＝リッチ》『天主実義《てんしゆじつぎ》』などのキリシタン書を読み、聖母像を秘蔵し、「天帝《てんてい》」を信奉し、少数の弟子と隠密の集会を行っていた。しかしみつぎは書物や画像に執着せず、滝行などの苦行・性的禁欲・天帝への不断の祈念によってのみ神通力が得られると確信し、それを自分の弟子にも伝えた。

文政《ぶんせい》一〇年（一八二七）、大坂東町奉行所は、「天帝」を信奉する男女五人とその家族や弟子を逮捕し取り調べた。軍記はすでに死亡しており、有名な陰陽師になったみつぎが中心人物とみなされた。

右伝法は軍記より授け候えども、同人昔は格別、――軍記から伝法を受けましたが、彼は、昔はとも仕官以来は登山水浴修行《すいよくしゅぎょう》を致さず、その上色情の道も断たず、俗人ども同様、……この者（自分）種々艱難《かんなん》の修行いたし、邪淫《じゃいん》等は勿論《もちろん》、先夫立ち帰り候を引入れざるほどの一心凝固《こりかた》まり、年来天帝を祈り、吉凶《きっきょう》禍《か》福《ふく》の未然を神通・先覚致し候ようにあい成り候。

かく、仕官して以来は、登山・水浴の修行をせず、色情も断たず、俗人同様です。……私は種々の苦行を行い、邪淫どころか前夫が戻って来ても受け入れないほど固く潔斎を守り、長年天帝を祈った結果、吉凶禍福を未然に察知する神通力が得られるようになりました。

取り調べに対するみつぎの右の供述は、キリシタンの教義も儀礼もほとんど知らずに入信した女性が、自身の経験や民俗信仰を援用しつつ独自の「キリシタン」信仰を作り出したことを示している。そこには、近世後期から近代初期の民間に現れた一群の新しい宗教の形成過程との共通性が見られる。

この一件を審議した幕府の評定所《ひょうじょうしょ》は、みつぎらをキリシタンとする大坂東町奉行の判断に疑問を呈した。しかし老中《ろうじゅう》の政治的判断で、みつぎらはキリシタンとして引廻《ひきまわ》しのうえ磔《はりつけ》に処された。

町奉行所与力《よりき》の大塩平八郎《おおしおへいはちろう》は「キリシタン」摘発を自身の三大功業の一つとして誇った。彼が天保《てんぽう》八年（一八三七）に蜂起して世間の注目を集めると、彼の一代記は大衆的読み物となって流布した。みつぎはその中に取り上げられ、異教の女性妖術師《ようじゅつし》として人々に記憶されることになった。

（出　典）東京大学史料編纂所架蔵謄写本「邪宗門一件書留」（原本は慶応義塾大学図書館蔵）

（参考文献）大橋幸泰『近世潜伏宗教論』校倉書房、二〇一七年

65 小《こ》谷《たに》三《さん》志《し》

（一七六五—一八四一）

近世後期の信仰集団「不二道《ふじどう》」の創始者。俗名は小谷庄兵衛、行名は禄行《ろくぎょう》三志《さんし》。日光《にっこう》御成道《おなりみち》鳩ケ《はとが》谷《や》宿で麹屋を営み手習い師匠も勤めるかたわら富士山を信仰し、文化《ぶんか》六年（一八〇九）に江戸の富士講の元祖とされる食行《じきぎょう》身禄《みろく》の教えを受け継いだ。彼は、家の存続や地域社会の安定に寄与する勤勉・孝行・夫婦和合・相互扶助等を奨励する一方、各人が等しく尊厳を保ち相互に助け合う理想の世をめざして、新しい信仰集団を組織した。これはのちに不二道と呼ばれた。

三志や信者たちは陰陽・男女の均衡と調和を理想の世の必要条件として、女性蔑視や女性不浄観を批判し、聖地から女性を排除する女人禁制に反対した。富士山でも女性は二合目以上への登山が許されなかったが、三志らはその規制撤廃をめざした。天保《てんぽう》三年（一八三二）九月二六日（新暦一〇月一九日）から翌日にかけ、三志は陰陽均衡に関する悟りを神に報告すると共に女性の登山を実現する目的で、二五歳のたつという女性を含む数名の信者と共に登山した。女性の存在が見咎められないように登山期終了後に登ったが、この時期の山頂部は雪や強風で危険なため、九合目で荷担ぎの強力《ごうりき》たちは下山

を主張した。三志はそのときの自分とたつのことばを次のように記している。

その方ども上《のぼ》るに及ばず。我は……御全《ごぜん》に申し上げ置きたきありて上る也。尤《もっと》も御同行《どうぎょう》衆も年寄衆は勿論《もちろん》、女中は猶《なお》さら、是《これ》にて十分成《な》るべし。御下《くだ》りと申し候えば、中にも女たつ、私は一命たち所《どころ》におわるとも、御頂上迄《まで》さし上りたし。女の開山にもなりたし。此度《このたび》頂上をいたし、帰りて其《その》段女衆さんを聞して、万坊《まんぼう》の女を上せんことを願い、成就死して苦しからずと申して、いさみいさみいたす……。

「あなた方は登るに及ばない。私は……富士の神に申し上げておくことがあるので登るが、同信の人たちも高齢者や女性はこれで十分だろう。下りなさい」と（三志が）言ったら、女性のたつは「私は瞬時に死ぬとしても頂上まで登りたい。女の開山になりたい。帰れたらこの事を女性たちに話し聞かせ、すべての女性を登らせたい。それが叶うなら死んでもかまわない」と言って勇みたった……。

近世には信仰の対象となる山岳の多くが女人禁制だったので、登山した女性がいたとしてもその史料は残りにくい。右の記録も、写しが作られ各地の不二道信者に回覧されたが、公開されることはなかった。しかしこの記録の発見により、遅くとも天保三年には女性が富士登頂したこと、彼女はすべての女性が富士山に登れるようにと願い、そのさきがけになろうとしたことが明らかになった。

（出　典）鳩ケ谷市文化財保護委員会編『鳩ケ谷市の古文書　第十四集』鳩ケ谷市教育委員会、一九八九年
（参考文献）鳩ケ谷市文化財保護委員会編『鳩ケ谷市の歴史』鳩ケ谷市教育委員会、二〇〇七年

66 水野忠邦《みずのただくに》（一七九四―一八五一）

肥前唐津《からつ》藩主水野忠光《ただあきら》の子として誕生し藩主となる。幕府政治の檜舞台で活躍することを志し、幕閣に運動して唐津から遠江《とおとうみ》浜松に移る。そして、大坂城代《じょうだい》、京都所司代《しょしだい》を経て念願の老中《ろうじゅう》に昇進。天保《てんぽう》一二年（一八四二）から天保の改革を断行し、内憂外患の危機に対応しようと政治改革に邁進《まいしん》したが、強権的な手法もあり、激しい反発をうけて失脚した。のちに老中に再任されたが、処罰され再度失脚。失意のうちに生涯を閉じた。

清国阿片《しんこくあへん》通商厳禁の不取《ふと》り計《はか》らいよりイギリス人不平を抱き、軍艦四拾艘計《ばか》り寧波《にんぽう》に仕寄《しよ》せ戦争。寧海県《ねいかいけん》一郡奪い取られ候よし、この度来舶《らいはく》人《じん》より申し出候。異国の義に候えども、則ち自国の戒《いまし》めと成るべき事と存じ候。浦賀防禦《ぼうぎょ》の建

清国のアヘン厳禁政策にイギリス人が不満をもち、軍艦四〇艘が寧波に攻め寄せ、寧海県の一郡を占領された、とオランダ人が伝えてきた。異国の出来事だが、日本の教訓になることだと思う。浦賀防御計画が決まっていないのは不束なことである。

議未定、不束《ふつつか》の事どもに候。

一八三九年、アヘン貿易をめぐりイギリスと清国が戦争状態になった。このアヘン戦争に関する情報は、天保一一年（一八四〇）に長崎に入港したオランダ船から初めて伝えられ、その後清国の商船（唐船《とうせん》）からも戦争の推移が刻々と報じられた。

当時老中の水野忠邦は天保一二年正月、佐渡奉行だった川路聖謨《かわじとしあきら》に宛てて書いた書状の中で、アヘン戦争の帰趨を決めたイギリス軍の清国舟山《しゅうざん》列島定海《ていかい》攻略に関わる情報に着目し、外国の出来事だがわが国の教訓になることだと記している。さらに、対外的危機に備えるための江戸湾防備策が具体化していない現状を憂える。水野忠邦は天保の改革において、このアヘン戦争を教訓として清国の二の舞を避けるため、外交の失敗による外国との戦争を防ぐ避戦政策をとる一方、対外的危機に備える海岸防備と軍事力の強化政策を推進することになる。

欧米諸国との軍事的な紛争を避けようとする政策は、松平定信《まつだいらさだのぶ》以来のものでもあり、幕末まで一貫した幕府の方針ともなった。

〔出　典〕歴史学研究会編『日本史史料3　近世』所収、「〔川路聖謨文書〕天保一二年正月七日付佐渡奉行川路聖謨宛老中水野忠邦書状」岩波書店、二〇〇六年
〔参考文献〕北島正元『水野忠邦』〈人物叢書〉吉川弘文館、一九六九年。藤田覚『天保の改革』〈日本歴史叢書〉吉川弘文館、一九八九年

67 吉《よし》田《だ》松《しょう》陰《いん》（一八三〇―五九）

安政《あんせい》五年（一八五八）、幕府の日米修好通商条約調印を違勅と非難し、幕府を諫《いさ》める直接行動を計画するなど、過激な言動を危険視された松陰は、長州藩による再投獄ののち、安政の大獄が断行される中で江戸に送られると、幕府の尋問に際して自らの告白により老中要撃策などが発覚したことで死罪とされ、翌年一〇月二七日、刑死した。

何卒《なにとぞ》清狂《せいきょう》と口羽《くちば》との両稿、久坂玄瑞《くさかげんずい》へ御申し遣わし御取り寄せ御一誦下さるべく候。郷友の姓名なりとも、せめて同志へ伝《つたえ》度《たき》愚心に御座候。

何卒、清狂（月性《げっしょう》）と口羽徳祐《のりすけ》の両人の詩稿を、久坂玄瑞に申し付けて取り寄せられ、ご読誦ください。せめて同郷の友人の名前だけでも同志の方へ伝えたいとの愚心でございます。

これは、処刑四日前の一〇月二三日に水戸藩士鮎沢伊太夫《あゆざわいだゆう》に宛てた松陰書状の一節である。『吉田松陰全集』を見る限り、これは生前最後の日付で書かれた書状のうちの一通であり、この後は『留《りゅう》魂録《こんろく》』の執筆に没頭することになる。宛て先の鮎沢は、安政の大獄に連座して同じく獄中にあり、松陰の知遇を得ていた。松陰は門下生たちと鮎沢との交流も切望していたのである。

文中の「清狂」は、周防国遠崎《すおうのくにとおざき》にある浄土真宗本願寺派の妙円寺《みょうえんじ》住職であった月性のことで、『仏法護国論』や『清狂吟稿』などの著作がある。月性は松陰とも交流があり、鮎沢宛て書状の中で松陰は「尊攘の志あるもの」と評し、世間では「海防僧」とも称される人物であったが、前年すでに死去していた。ちなみに、安政の大獄で幕府の追及を受け、鹿児島で西郷隆盛《さいごうたかもり》とともに入水して死亡した清水寺成就院《きよみずでらじょうじゅいん》住職の月照とは、稀に混同されることもあるがまったくの別人である。また、「口羽」は、二五、六歳で長州藩の寺社奉行をつとめていたが直近に亡くなった口羽徳祐のことである。松陰は「頼むべき人物」と評していた。

死罪を覚悟した松陰は、一〇月二五日から翌日の黄昏《たそがれ》にかけて、門下生に託す遺言というべき『留魂録』を獄中で執筆する。書き上げたのは処刑の前日であった。その末尾近くに「清狂の護国論及び吟稿、口羽の詩稿、天下同志の士に寄示したし、故に余是を水人鮎沢伊太夫に贈ることを許す、同志其吾に代て此言を践まば幸甚なり」との一文があり、これが先に引用した鮎沢宛て書状の内容に対応している。松陰は、自身が心酔していた同郷の友人たちによる著作物を出版し、彼らの思想を全国の同志たちにも広く知ってもらいたいと念願していたようである。そうした松陰の切なる思いが、「せめて名前だけでも伝えたい」という表現にもなったのであろう。

（出　典）山口県教育会編『吉田松陰全集』第六巻、岩波書店、一九三五年
（参考文献）海原徹『吉田松陰』〈ミネルヴァ日本評伝選〉ミネルヴァ書房、二〇〇三年

68 井《い》伊《い》直《なお》弼《すけ》（一八一五―六〇）

安政《あんせい》五年（一八五八）四月、幕府の大老となった彦根《ひこね》藩主の井伊直弼は、六月、日米修好通商条約の無勅許調印を容認するという、その後の政局を大きく動かす重大な決断を行った。

衆議一決伺い済みの事、私に差し留め候事も相《あい》成《な》しがたし。但し諸大名へ一応相尋ね申さざる段は幾重にも無念に候えども、今更致し方もこれ無し。

（日米修好通商条約の調印は）幕府の衆議で一決し、将軍の裁可《さいか》も経たことなので、私の一存でこれを中止することは難しい。ただし、諸大名に対して一応諮問《しもん》しなかったことはかえすがえすも無念であるが、今さら致し方もないことである。

これは、同年六月一九日、日米修好通商条約の調印容認を幕議決定した直後、直弼が側近の宇津木《うつぎ》景福《かげよし》に漏らした言葉で、宇津木らが作成した「公用方秘録」に記されたものである。この日、通商条約の即時調印を要求する米国総領事ハリスとの交渉を命じられていた下田奉行井上清直《いのうえきよなお》と目付岩瀬忠震《いわせただなり》がいったん復命してきたため、幕府内で対応が評議された結果、調印はやむを得ないが勅許を得るまでは延期させる方針が決まった。すると井上が、「是非に及ばない場合には調印してもよいか」と判断を仰いできたので、直弼は、「その節は致し方ないけれども、なるべく調印の延期に尽力するように」と回答し、無勅許の即時調印に事実上の内諾を与えることになってしまっていた。

帰邸後、直弼は宇津木から、無勅許調印は政敵に井伊家を攻撃する口実を与えることになるのでただちに中止すべきであると諫言されたため、右のような無念の思いを吐露したのである。

しかし、従来、発言の後半部分はまったく異なる内容で説明されてきた。それは、「そもそも大政は幕府に委任されているので、政治を執るものは臨機の権道が必要である。そうではあるが、勅許を待たない重罪は甘んじて自分一人が引き受ける決意である」というものであった。

ところが、その後の研究により、この後半部分が、後年改竄《かいざん》された明治政府への提出本に基づく美化された内容であることが明らかとなった。実際には、違勅の罪は一身で甘受するとの強い覚悟が表明された記述はなく、当時の直弼は諸大名に諮問しなかったことを後悔し、もはや進退伺いをするほかないとまで口走り落胆するばかりであった。剛毅果断・独断専行・強権的といった通俗的なイメージとは程遠い、気弱な一面も垣間見えるのである。

〈出　典〉彦根藩資料調査研究委員会編『史料　公用方秘録』〈彦根城博物館叢書7〉サンライズ出版、二〇〇七年
〈参考文献〉吉田常吉『井伊直弼』〈人物叢書〉吉川弘文館、一九六三年。母利美和『井伊直弼』〈幕末維新の個性6〉吉川弘文館、二〇〇六年

69

ラザフォード オールコック II

（一八〇九―九七）

英国の初代駐日公使。医師の息子に生まれ、外科医となり一八三六―三七年には軍医として従軍したが、すぐ退役して外交官を志した。南京《ナンキン》条約で清《しん》の五港が開港されると、一八四三年に厦門《アモイ》領事館に派遣され、次いで福州《ふくしゅう》領事、上海《シャンハイ》領事、広東《カントン》領事を歴任した。安政《あんせい》六年（一八五九）に駐日総領事兼外交代表の辞令を受け、江戸高輪の東禅寺《とうぜんじ》に暫定総領事館を開いた。翌年特命全権公使に昇任し、六五年初に駐清公使に転任するまで五年余りの在任期間中、休暇で滞欧した約二年間を除き、対日外交の最前線で活動した。

第一次東禅寺襲撃事件や四国艦隊下関砲撃など多くの政治的事件を身近に経験したが、その一つが万延《まんえん》元年三月三日（一八六〇年三月二四日）に起こった桜田門外での大老《たいろう》井《い》伊《い》直弼《なおすけ》襲撃事件である。その三日後、彼は外国事務担当の老中《ろうじゅう》に次のような書状を送った。

今月二四日の朝に御大老イイノカミ殿が武装集団の襲撃を受けて負傷されたという報に接し、痛心に堪えません。この災難に対する遺憾の意と速やかな回復を願う私の衷心を伝えてください。私は医学を学び外科の経験もあるので、御大老のご希望次第いつでも喜んで参上し手当します。

政府の要人が負傷したとき外交官が見舞状を送るのは当然だが、この書状は外交官自身が治療に携わると申し出ている点で異例である。直弼の死亡を知っている現代の読者はさらに違和感を覚える。この書状を送った意図は、彼が三年後に出版した『大君《たいくん》の都《みやこ》』からうかがわれる。彼が得た最初の情報は大老暗殺だった。半信半疑で情報収集した結果、襲撃があったことまでは確認できた。大老の生死について諸説が錯綜するなかで、幕府側の通報者が一様に生存説を唱える点に彼は着目し、幕府の情報操作の可能性を察知した。治療応援を申し出る書状を送ったのは、その直後である。

このようにみれば、この書状は外交辞令としての見舞いだけでなく、大老の生死に関する判断材料を幕府首脳部から引き出す手段でもあったと思われる。老中たちは何度も丁寧に返信し、症状は安定しているという容体書まで添えて治療の応援を辞退したが、それは彼の疑いを深める結果となった。

オールコックは日本についての欧文文献を熟読し、外交官の特権で江戸や開港場の外国人居留地以外へも旅行して政治・社会・風俗・自然を観察した。万延元年には外国人として初の富士登頂を果たし、熱海の温泉にも立ち寄った。一八六九年に外交官を引退した後は王立地理学協会の会長となり、文筆活動等を通じて英国における日本研究に寄与した。

〈出　典〉東京大学史料編纂所編『大日本古文書　幕末外国関係文書之三十七』一九七四年
〈参考文献〉オールコック著／山口光朔訳『大君の都』上・中〈岩波文庫〉岩波書店、一九六二年

70 フィリップ・フランツ・フォン＝シーボルト（一七九六―一八六六）

ドイツ生まれの医師シーボルトは、長崎オランダ商館の医師として文政六年（一八二三）に来日した。同一一年、彼が海外持ち出し禁止の品々を受け取っていたことが発覚した「シーボルト事件」。シーボルトは仲介者の名を黙秘し、囚われた人々を救うため嘆願書を書いた。

……私一人にのみ帰せられるべきこの事件の不幸な結果について熟慮したうえ、……自分の力の及ばぬ申し出は無駄ですが、我が身を捧げることはできます。……最後に唯一私に残るのは、これまで私がしてきたこと、そしてそのために多くの人々を不幸な結果に巻込んだことが、決して微塵《みじん》も悪意によるものではないことを信じてもらうために、あらゆる〔故郷との〕絆を断ち切って、自身を日本の政府のもとに委ね、この地で生涯を過ごし、ただ命令に従って課された仕事を行うことです。

数多くの研究から、この事件は必ずしもシーボルトだけの問題ではなく、日本地図を渡した江戸幕府の天文方《てんもんかた》（天文・編暦・測量・地誌・蘭書翻訳などを司る）高橋景保《たかはしかげやす》をめぐる人間関係、対外政策をめぐる幕府内部の対立など、日本側の要因が大きく絡んでいることが指摘されている。だとすれば、彼が生涯日本に残ることは日本側にとってさほど意味がなく、協力者たちを助けることにもならない。この申し出はいささか自意識過剰な独り相撲に終わり、シーボルトは国外追放を命じられた。

自らの学問的関心に合致し、オランダ王国も求める日本についての最新情報を効率的に収集するために、シーボルトは西洋の科学や医術の教育によって「シーボルト先生」として自らを演出した。「門人」となった蘭学者《らんがくしゃ》たちは、彼の求めに応じオランダ語で日本についてのさまざまな知識・情報を提供した。江戸の天文方周辺に加え、こうした蘭学者や通詞《つうじ》（通訳官）たち、オランダ人の日常の世話をする者たちが協力者として囚われ、長崎での処罰者は三〇名にのぼった。中心的役割を果たした大通詞《おおつうじ》の馬場為八郎《ばばためはちろう》・小通詞《こつうじ》末席の稲辺市五郎《いなべいちごろう》・小通詞助《すけ》の吉雄忠次郎《よしおちゆうじろう》は、大名預《だいみようあず》けの永牢《えいろう・ながろう》（終身禁固刑）とされ、長崎へ戻ることなく死亡した。

若く才能にあふれ、それだけに周囲の協力を当然と思う態度から、前商館長との関係をこじらせたシーボルトであったが、力を尽くしてくれた人々への思いだけは、心からのものだったのであろう。その小さな証として、信頼する稲辺市五郎に託してあった娘イネの養育のための貯えを、彼の子供たちに贈ることが、シーボルトの勘定帳には記してある。

（出　典）呉秀三『シーボルト先生其生涯及功業』所収「一八二九年二月九日　シーボルト嘆願書　長崎奉行本多佐渡守宛」〈中山家文書〉吐鳳堂、一九二六年

（参考文献）板沢武雄『シーボルト』〈人物叢書〉吉川弘文館、一九六〇年

71

川路聖謨《かわじとしあきら》（一八〇一—六八）

川路聖謨は、享和《きょうわ》元年（一八〇一）に豊後国日田《ぶんごのくにひた》代官所の属吏《ぞくり》（役人）内藤家《ないとうけ》に生まれ、文化《ぶんか》九年（一八一二）に御家人川路家の養子になった。のちに佐渡奉行《さどぶぎょう》、奈良奉行《ならぶぎょう》、大坂町奉行《おおさかまちぶぎょう》等々を歴任し、嘉永《かえい》五年（一八五二）には勘定奉行《かんじょうぶぎょう》に就任している。こうした経歴から能吏とも評される聖謨は、官軍による江戸城総攻撃予定日の慶応《けいおう》四年（一八六八）三月一五日に、ピストルで自尽した。

聖謨は、勘定奉行在任中の嘉永七年（安政《あんせい》元年、一八五四）一〇月に伊豆国《いずのくに》下田に赴き、ロシア使節プチャーチンとの国交交渉に臨むことになったが、交渉のさなかの同年一一月四日に、大地震（安政東海地震）に遭遇した。そのため、聖謨は震災対策にもあたらざるをえなくなった。さらに、この地震による津波でプチャーチンの乗るディアナ号が遭難したこともよく知られているが、聖謨は国交交渉に加えて、ディアナ号をめぐる対応にも傾注しなければならなくなった。そうしたなか、聖謨の『下田日記《しもだにっき》』一一月一二日条には、次のような記事が見られる。

去年は六月より七月へかけ、海岸の見分《けんぶん》、十二月、雪中木曽路の旅行、当年の冬は、津波の騒ぎ。このわけなるに、市三郎《いちさぶろう》・太郎《たろう》・敬次郎《けいじろう》は枕を高くして、高禄をただ取にいたすことあらば、天罰必然なるべし。万事にわが苦労を思いて、出精《しゅっせい》すべし。これわが苦労を誇るにあらず、児らが為を思えば也。

去年は六月より七月にかけて、海岸の見分を行い、一二月には、雪のなか木曽路の旅行となり、今年の冬は、津波の騒ぎに遭遇している。このような状況なのに、市三郎・太郎・敬次郎が、安穏として多額の俸禄をむさぼっていることがあれば、必ず天罰を受けるだろう。すべてに私の苦労のことを思い、一生懸命に努力しなさい。このことは自分の苦労を自慢しているのではない。子供たちのことを思えばこそである。

右にいう「海岸の見分」とは、江戸湾防備のための湾岸巡視への随行をいい、「木曽路の旅行」とは、下田の前に長崎に来航したプチャーチンと交渉するために、中山道を通行し長崎に出張したことをいう。そして、下田で大地震に遭遇する、という一連の「苦労」を述べ、子の市三郎、孫の太郎・敬次郎に対し、こうした「苦労」に思いを致し「出精」することを諭しているが、それは自分の自慢ではなく子供たちのためを思ってのことであるという。そこには、禄を得ているからには相応の奉公をしなければ天罰が降る、という聖謨の天譴観《てんけんかん》を指摘できる。それとともに、ロシアへの対応に忙殺されているなかにあって、江戸に住む子・孫のことに意を用いている聖謨の心情がうかがえる。

（出　典）川路聖謨著／藤井貞文・川田貞夫校注『長崎日記・下田日記』〈東洋文庫〉平凡社、一九六八年

（参考文献）川田貞夫『川路聖謨』〈人物叢書〉吉川弘文館、一九九七年

72 山内容堂《やまうちようどう》（一八二七—七二）

慶応三年（一八六七）一〇月、前土佐藩主の山内容堂（諱《いみな》は豊信《とよしげ》）は、将軍徳川慶喜《とくがわよしのぶ》に大政奉還《たいせいほうかん》を建白し、その実現に向けて政治力を発揮した。しかし、討幕派の巻き返しにより、同年一二月九日、幕府や摂関制度などの廃絶を宣言する王政復古《おうせいふっこ》の政変が勃発した。このとき容堂は、新政府の議定《ぎじょう》に任じられるが、同日夜に開催された小御所《こごしょ》会議の席上、慶喜の処遇をめぐって討幕派と激論を交わした。

畢竟《ひっきょう》此《かく》の如き暴挙企てられし三・四卿、何等《なんら》の定見あつて、幼主を擁《よう》して権柄《けんぺい》を窃取《せっしゅ》せられたるや。

つまるところ、このような暴挙を企てた三・四名の公卿たちは、いったいどのような定見があって、幼い天皇を擁して権力を盗み取ったのであろうか。

これは小御所会議での容堂の発言である。容堂は、政変の陰謀性と不当性を指摘するとともに、慶喜の新政権への参加を主張して、この痛烈な批判に及んだのである。公議政体論を標榜する松平慶《まつだいらよし》永《なが》ら議定の諸侯たちは、参与《さんよ》として会議に列席した薩摩《さつま》藩士大久保利通《おおくぼとしみち》の反論に同意した同藩主島津《しまづ》茂久《もちひさ》（忠義《ただよし》）を除き、容堂の意見に賛意を表した。

維新史料編纂会が編集・出版した戦前の官撰維新通史である『維新史《いしんし》』によると、このときの容堂は意気軒昂で傍若無人のごとき有様であったという。容堂の不遜《ふそん》な態度を黙止できなかった参与の岩《いわ》倉具視《くらともみ》が、「今は御前会議であるから慎むべし。今日の挙はことごとく天皇の「宸断《しんだん》」から出たものである。幼い天皇を擁して権力を盗み取ろうとしているとの言葉は、非礼も甚だしいものではないか」と叱責したところ、容堂は恐懼《きようく》して失言を謝罪したとする。これは小御所会議の状況が語られる際に必ずと言ってよいほど取り上げられる有名な挿話である。この岩倉による叱責の後、容堂・慶永らの公議政体派と岩倉・大久保らの討幕派との形勢は逆転し、ついに容堂は自説の撤回に追い込まれ、慶喜に辞官納地を命じることが決定されたのである。

ところが、その後、この挿話が事実であったのかどうか疑問を投げかける研究が現れ、岩倉の叱責は史実ではなく、宮内省によって編纂された『岩倉公実記』が、天皇の権威の絶対性と岩倉の堂々とした活躍を強く印象づける場面として創作した挿話であると指摘されるようになった。確かに、『維新史』の記述は『岩倉公実記』のそれを下敷きにしたものにすぎない。また、現存史料では、岩倉がただちに反論したことにもなっておらず、岩倉の叱責が後年の創作であった可能性を高めている。

〔出　典〕日本史籍協会編『再夢紀事・丁卯日記』〈日本史籍協会叢書〉東京大学出版会、一九七四年

〔参考文献〕平尾道雄『山内容堂』〈人物叢書〉吉川弘文館、一九六一年。高橋秀直『幕末維新の政治と天皇』吉川弘文館、二〇〇七年

73 西郷隆盛《さいごうたかもり》（一八二七—七七）

戊辰《ぼしん》戦争が勃発した直後は、西郷の人生にとって絶頂期といえるような、最も高揚していた時期とされる。この頃の状況を国許《くにもと》に報じる西郷の筆致はときに自慢気でもあり、『南洲翁遺訓《なんしゅうおういくん》』といった後年編纂された言行録に見られる人格者としての「大西郷」像とは、かなり異なった印象を受ける。

当分東国の諸侯は勿論《もちろん》、民心を離し候策、第一の訳《わけ》に御座候間、早々説客を差し出され候儀に御座候。東国は勿論、諸国の内、是迄《これまで》徳川氏の領分、旗下士《はたもと》の知行所共、王民と相成り候えば、今年の租税は半減、昨年未納の物も同様仰せ出され、積年の苛政《かせい》を寛《ゆる》められ候事に御座候。此の一儀にても、東国の民は直様《すぐさま》相離れ申すべき

当分、東国（＝関東・東北）の諸侯（＝旧大名）はもちろん、民心を離反させる策が第一なので、早々に新政府から遊説する者が派遣されました。東国はもちろん、諸国のうち、これまでの徳川氏の領地（＝旧幕府領）と旗本の知行地の領民はともに王民（＝天皇の臣民）となったので、今年の租税は半減とし、昨年の未納分も同様に半減と命じられ、幕府による積年の苛政を緩和されました。この一策でも、東国の民衆は旧幕府勢

力からすぐに離反することと存じます。

儀と存じ奉り候。

これは、慶応四＝明治元年（一八六八）正月一六日付で島津久光《しまづひさみつ》の側近蓑田伝兵衛《みのだでんべえ》に宛て、鳥羽・伏見の戦いに勝利した後の政局や今後の策略などについて報じた書状の一節で、西郷が年貢半減令について言及した箇所である。新政府の年貢半減令は、一月一四日に発令されたものの、おそらくは財政上の問題から同月二七日に早くも撤回された。年貢半減令の問題は、これを掲げて東山道《とうさんどう》を先駆けた赤報隊《せきほうたい》の相楽総三《さがらそうぞう》らが偽官軍として処刑された事件とも関連し、一月二三日頃には新政府内で撤回の判断がなされたとも言われる。そもそも新政府の年貢半減令は、天領と言われた旧幕府直轄領と「賊徒」の所領を対象としていたが、西郷は、旧幕府領のほかに旧旗本領をもその対象と考え、新政府の法令内容とは若干の認識の相違があった。また、一般的に年貢半減令は中国・四国平定を当初の目標として発令されたものと理解されることも多いが、西郷自身は初めから全国法令と捉えており、特に関東・東北の民衆を旧幕府勢力から離反させる策として重要視していたことがうかがわれる。

民心を新政府側に引き付けるための策略に腐心していた西郷にとって、この後一〇日もすると年貢半減令を撤回せざるを得ない事態に至ってしまうとは、まったく予想外のことであっただろう。

（出　典）西郷隆盛全集編集委員会編『西郷隆盛全集』第二巻、大和書房、一九七七年

（参考文献）田中惣五郎『西郷隆盛』〈人物叢書〉吉川弘文館、一九五八年。佐々木克「赤報隊の結成と年貢半減令」『人文学報』七三、一九九四年。家近良樹『西郷隆盛』〈ミネルヴァ日本評伝選〉ミネルヴァ書房、二〇一七年

74

徳川慶喜《とくがわよしのぶ》
（一八三七—一九一三）

徳川幕府第一五代将軍。水戸徳川斉昭《なりあき》の七男。幼名七郎麿《しちろうまろ》。一橋《ひとつばし》家の当主となり一橋慶喜。慶応《けいおう》二年（一八六六）宗家を嗣ぎ将軍となる。

安政《あんせい》四年（一八五七）、幕府はアメリカとの貿易を開始することに決したが、孝明《こうめい》天皇の攘夷《じょうい》の意思は固く、勅許（天皇の許可）はおりなかった。幕府は井伊直弼《いいなおすけ》を大老《たいろう》とし、安政五年六月一九日日米《にちべい》修好通商条約《しゅうこうつうしょうじょうやく》に調印した。二二日にその事実を知った慶喜は井伊に面会を申し入れ、二三日に登城して面会、論難《ろんなん》した。ついで老中《ろうじゅう》に面会して次のように論じた。

東照宮の御開業已来《いらい》、征夷の職任を重んぜられ、尊王攘夷《そんのうじょうい》の御政道にて御尊崇を朝廷に尽くされしを、御当代に至って黠虜《かつりょ》の虚喝《きょかつ》に避〔辟《へき》〕

徳川家康《いえやす》公が幕府をお開きになって以来、歴代の将軍は征夷大将軍《せいいたいしょうぐん》の職の勤めを重くなさって、尊王攘夷を御政道の中心におかれ、尊敬を朝廷にお尽くしになってきたが、御当代に至って、狡猾《こうかつ》な野蛮人の嘘の脅しに閉口して、違勅

易《えき》して御違勅ともなるべき筋に至れるは、台慮《たいりよ》に出たる事なるや、其方共《そのほうども》の取計らいか、と推《お》し詰《つ》め給うに、……

万一天意震《しん》〈宸〉怒《ど》によって征夷の称号を召し上《あ》げられなば、其節は何と申訳《もうしわけ》を仕るぞ。

ともなる行動に至ったのは将軍の御意思か、おまえたち老中《ろうじゆう》の取り計らいか、と詰問なさったところ……（老中は海防掛《かいぼうがかり》の上申により自分たちが取りはからったと答えた）

万一天皇が激怒されて征夷大将軍の称号をお召し上げになったならば、その時はおまえたちは何と申し訳をするつもりか。

将軍は征夷の職を勤めてきたという職分論《しよくぶんろん》が唱えられる。征夷は外交と国土防衛の意を含む。したがって、外国の狡猾な空脅しに屈してはならない。加えて、天皇の命に反するので違勅であるという判断がされる。その結果、天皇の怒りによっては「征夷の称号（将軍の地位）を召し上げら」れると、大政委任《たいせいいにん》の論理も見える。このような議論で老中を責めた。

幕末には、重要な外交案件には勅許が必要であり、征夷を行えない幕府は政務委任にふさわしくないと御三卿《ごさんきよう》が考えるほどに、大政委任論や将軍の職分論は広まっていた。ただしこの史料は、松平《まつだいら》慶永《よしなが》側近中根雪江《なかねせつこう》が慶喜側近平岡円四郎《ひらおかえんしろう》から聞いた記録であり、慶永周辺の解釈が強まってはいるだろう。こののち、安政の大獄《たいごく》が七月から始まる。慶喜は登城停止、さらには隠居に追い込まれる。

（出　典）中根雪江『昨夢紀事』第四、日本史籍協会、一九二一年、復刻版あり

（参考文献）松浦玲『徳川慶喜』〈中公新書〉増補版、一九九七年。家近良樹『徳川慶喜』〈人物叢書〉吉川弘文館、二〇一四年

近現代

75 渋沢栄一《しぶさわえいいち》（一八四〇—一九三一）

明治初年から昭和のはじめまで活躍した実業家。銀行、紡績、製紙、鉄道などの起業・経営に関わり、自ら語るところでは八十余種の事業に関係し、財界のリーダーの役割を果たした。しばしば「日本資本主義の父」と呼ばれる。論語とソロバンは調和一致するという独特の実業観の持ち主でもあった。

おの〳〵思慮勘考するの私権により物と事とを商量して相交り相通ずるの道を生ず。故に通商の道は政府の威権をもつて推し付け、又は法制を以て縛るべからず。されば苟《かりそ》めにも役人たるもの商業にたずさわれば、必ず推し付け、又は縛る等の弊を生ずるものなり。是政府商業をなすべからざる所以なり。

人は皆それぞれの考え方に基づいて判断できるという、本来そなわった私権によって物事を判断するのであり、そこから人や物の行き来が発達する。だから通商のあり方は政府の権威で押しつけたり法律制度で縛ってはいけない。役人が商業に携わると、必ず押しつけたり制約したりする弊害を生ずるものである。これが、政府が商業を行ってはいけない理由である。

渋沢が井上馨《いのうえかおる》のもとで大蔵省にあったとき発刊した、株式会社組織の原則を述べた『立会略則《りゅうかいりゃくそく》』のうち、「通商会社」の一部である。商業は「私権」に基づくべきであり、政府の介入を排除すべきことを明快に述べている点が注目される。逆に企業は官から自立すべきであるとの主張でもある。

二〇二四年に発行予定の新一万円札の肖像に決まった渋沢栄一について、名前は知っていても何をした人か答えられる人は多くないかもしれない。にもかかわらず日本資本主義の父と呼ばれるのは、創業・経営に関わった事業の多さだけではない。維新後いち早く近代的な企業活動の原理を導入し、自ら多くの起業に関わるとともに、それを通して合本主義（株式会社組織）による企業経営の普及をはかったことが重要である。

渋沢は父の代に財をなした小地主の家に生まれ、幕末には攘夷《じょうい》倒幕運動の志士となるが、断念して一橋《ひとつばし》家《け》に仕官、一八六七年のパリ万博を訪問する徳川昭武《とくがわあきたけ》にしたがってフランスに渡る。渡仏中に大政奉還《たいせいほうかん》、王政復古《おうせいふっこ》となったため帰国し、明治三年（一八七〇）に大蔵省に出仕するが、財政改革をめぐって政府内で孤立した井上馨とともに明治六年に辞職、商業界に身を投じるのである。以後の渋沢の活動は、日本の財界の発展史でもあった。渋沢が維新以来の自身の経験を軸にした財界の歴史と実業の哲学を、数多くの著作や談話として残したことも後世への重要な貢献である。

（出　典）渋沢栄一述『立会略則』大蔵省、一八七一年、国会図書館デジタルコレクションで公開 http://dl.ndl.go.jp/info:ndljp/pid/994928

（参考文献）渋沢栄一述／長幸男校注『雨夜譚　渋沢栄一自伝』〈岩波文庫〉岩波書店、一九九四年

76

福《ふく》沢《ざわ》諭《ゆ》吉《きち》（一八三四—一九〇一）

幕末・明治期の思想家。豊前国中津《ぶぜんのくになかつ》藩（大分県）の下級武士福沢百助《ひゃくすけ》の第五子。長崎で蘭学を学んだのち安政《あんせい》二年（一八五五）適塾《てきじゅく》に入門、万延《まんえん》元年（一八六〇）咸臨丸《かんりんまる》艦長の従僕となり渡米、文《ぶん》久《きゅう》二年（一八六二）幕府使節団に随行して渡欧、帰国後『西洋事情《せいようじじょう》』初編を著す。慶応《けいおう》四年（一八六八）慶応義塾《けいおうぎじゅく》を設立した。

我日本国人も今より学問に志し、気力を慥《たしか》にして先《ま》ず一身の独立を謀《はか》り、随《したが》って一国の富強を致すことあらば、何ぞ西洋人の力を恐るるに足らん。道理あるものはこれに交わり、道理なきものはこれを打ち払わんのみ。一身独立して一国独立するとはこの事なり。

わたしたち日本人も今から学問に志し、気力をしっかりさせてまず自分自身の独立をめざす。ついで一国の富強を達成することがあったならば、どうして西洋人の力を恐れることがあろうか。道理ある西洋人とは交際し、道理なき西洋人は打ち払うだけである。一身独立して一国独立する、というのはこのことである。

「門閥《もんばつ》制度は親の敵《かたき》で御座る」(『福翁自伝《ふくおうじでん》』)と、福沢は身分制度を憎んだ。学問好きの父百助は身分制度下大坂藩邸の会計方で生を終え、諭吉自身も僧侶にしようと考えられたり、長崎で中津藩の家老の親戚に帰国させられたりした。兄の急死後家督を継いでからは、学問の継続も困難であった。そうであるからこそ、廃藩置県《はいはんちけん》が行われ新政府が文明開化に進みそうであると確信したとき書かれた『学問のすゝめ』は、「天は人の上に人を造らず人に下に人を造らずと言えり」から始まる。人には生まれながらの貴賤はない。しかし貧富の差はある。「学問を勤めて物事をよく知る者は貴人となり富人とな」るから、人は学問に励まなければならない。その学問は儒学者や国学者の学問でなく、実学である。学んで人々が道理をわきまえれば、良民の上には良き政府が存在することとなる。機会の平等と自由の世の中で、学んで公民となることを論じている。

また福沢の考えでは、日本の文明の度合いは独立を維持しうるか否かの段階にあった。人間の権利同様、国家の権利には軽重はないけれど、貧富強弱はある。それは国民が勤勉か否かに依拠していた。また学んで国民意識を持つか否かにあった。そこで「一身独立して一国独立する」と論じられる。

福沢は晩年に「独立自尊《どくりつじそん》」を用いるが、倫理観を伴った「一身独立して一国独立する」は終生の課題であった。その課題を投げかけ続けたことで、明治前期日本に必要かつ重要な思想家であり続けた。

〈出　典〉福沢諭吉著『学問のすゝめ』〈岩波文庫〉岩波書店、改版、一九七八年

〈参考文献〉会田倉吉『福沢諭吉』〈人物叢書〉吉川弘文館、一九七四年。北岡伸一『独立自尊』〈ちくま学芸文庫〉筑摩書房、二〇一八年

77

木戸孝允《きどたかよし》（一八三三—七七）

幕末・明治初期の政治家。旧名桂《かつら》小五郎《こごろう》。長州《ちょうしゅう》藩医和田昌景《わだまさかげ》の子に生まれ、藩士桂孝古《たかふる》の養子となる。長州藩尊攘派のリーダーとなり、藩の中核となって倒幕を実現した。新政府に出仕し、集権化と欧化に邁進し、急進開化派と呼ばれる。明治四年（一八七一）、廃藩置県《はいはんちけん》を断行した。岩倉遣米欧《いわくらけんべいおう》使節団《しせつだん》に副使として参加。帰国後内治優先論の立場から対朝鮮強硬論に反対した（明治六年の政変）。台湾出兵に反対して下野《げや》。明治八年政府に復帰し、漸次立憲政体樹立《ぜんじりっけんせいたいじゅりつ》の詔《みことのり》の発出に尽力した。西南《せいなん》戦争《せんそう》の最中、京都で病没する。

ここに掲げるのは、使節団副使として洋行中、イギリスから長州出身の大蔵大輔井上馨《おおくらたいふいのうえかおる》に宛てた、明治五年九月一四日付書簡である。

弟《てい》抑《そもそ》も楽しまざるの心を以《もつ》て渡洋し元より衆と其《その》見る所も偏異なきあたわずと察す。然《しか》りと

私はもともと楽しい気持ちを持たずに洋行した。他の人々とは、観点にも偏りや異なりがないことはありえないと考える。そうは思うが、他の

雖《いえど》も其《その》奇を見、其《その》新を窺い、これを師としこれを形とすること総而《すべて》少なからず。然りと雖も欧米其国其全国の進《すす》みてここに至る、実に一朝一夕にあらずして其本 甚《はなはだ》深し。然るに我今日開化と称するものも多く皮膚上の事にあって、其心服《しんぷく》如何《いかん》と相考え候。其形ちを変するに急にして国力の損耗は問わざるが如きは、或は人情不実軽薄、只《ただ》利是《これ》馳《は》す。

人々が日本と異なっていることを発見し、新しいことを観察し、新奇なことを師とし、模倣すべき形としていることは、万事において少なくないと思う。そうではあるが、欧米列国が国を挙げて進歩し現在の国勢となったのは、本当に一朝一夕のことでなく、その原因はとても深い。しかし私たちが現在開化と称するものは多くが表面上のことであって、心服して行っていることはどれほどあろうか。形を変えるのに急激でその結果国力が損耗することを考えないのは、あるいは日本人の人情が不実で軽薄で、ただ利益を求めて突き進んでいるためであろう。

新しい国家像を求めて洋行を強く望んだ木戸は、列強《れつきょう》を実見して、文明の差を大きさを痛感した。個別的な欧化では限界がある、日本そのものを欧化に導く必要がある。こうして木戸は、教育を通じて、参政権を徐々に与える政治教育によって、時間をかけて国民全体を近代化に導くことを目標とするようになった。現在の開化は「皮膚上の事」ということばに、木戸の考えの変化が表れている。

（出　典）木戸公伝記編纂所編『木戸孝允文書』四、日本史籍協会、一九三〇年、復刻版あり
〈参考文献〉松尾正人『木戸孝允』〈幕末維新の個性8〉吉川弘文館、二〇〇七年

78 大久保利通《おおくぼとしみち》（一八三〇—七八）

幕末・明治初期の政治家。薩摩《さつま》藩下級武士利世《としよ》の子に生まれる。薩摩藩尊攘派のリーダーとなり、島津久光《しまづひさみつ》に登用される。そして藩論を導き倒幕を実現した。新政府に出仕し、木戸孝允《きどたかよし》と対立しつつも明治四年（一八七一）、廃藩置県《はいはんちけん》を断行した。岩倉遣米欧使節団《いわくらけんべいおうしせつだん》に副使として参加。帰国後内治優先論の立場から対朝鮮強硬論を葬る（明治六年の政変）。新設された殖産興業《しょくさんこうぎょう》と警察を管掌する内務省の卿《きょう》に就任し、政府を主導した。西南戦争《せいなんせんそう》の翌年の明治一一年、不平士族に襲われて死去した。

ここに掲げるのは、明治七年に提出された、「殖産興業に関する建議書」である。

大凡《おおよそ》国の強弱は人民の貧富に由《よ》り、人民の貧富は物産の多寡《たか》に係る。而《しこうし》て物産の多寡は人民の工業を勉励《べんれい》すると否《しから》ざるとに胚胎《はいたい》すと雖《いえど》も、其《その》源頭を尋《たずぬ》るに未《いま》だ嘗《か》つて政府政官の誘導奨励

おおよそ国家の強弱は人民の貧富に規定され、人民の貧富は生産の多少に起因する。そして生産の多少は人民が工業活動に勉励するか否かに原因があるけれども、その始原を考えれば、未だかつて政府高官が人民を誘導奨励する力がな

の力に依《よ》らざる無し。……政府政官の急務とすべきは、人民保護の実を求むるを以て至要至切と為《なさ》ざる可《べか》らず。実とは何ぞ、財用《ざいよう》是れなり。苟《いやしく》も財用充足せざれば、上下衣食に奔走して其他を顧るに暇《いとま》あらず。果《はた》して此《かく》の如くなれば、仮令《たとい》海陸軍備の厳、学校教育の盛ありと雖も、徒《いたずら》に虚美に属して国其《その》国にあらざる事、古今万国其例鮮《すくな》からず。

かったことはない。……政府が急務とすべきは、人民保護を実現させるものを最も大切と考えることである。それは何か、金銭と物資である。もし金銭と物資が充足しなかったならば、人民は衣食を求めて奔走し、他のことを顧みない。もしそうであれば、たとえ陸海軍備が厳重であっても、学校教育が盛んであっても、中身のない虚美であって国家はその体をなしていないことは、古今万国に実例は少なくない。

米欧を実見し国力の差を痛感した大久保は、生産力の向上こそ米欧と並び立つ強国となるために必要と考えた。大久保は、開発・工業化を国家目標とし、国威のための対外戦争に反対した。内務卿に就任したが、佐賀の乱・台湾出兵と軍事衝突が続いた。ようやく「諸《もろもろ》の葛藤《かっとう》」が終了したとして、この意見書を提出した。国家富強の基は民間の工業生産の拡大であり、政府が誘導すべきであると論じている。西郷隆盛《さいごうたかもり》が求めた軍備強化や木戸が求めた教育充実は虚美と言い切るところに、大久保の決意の凄みが表れている。以後大久保は「国の強弱は人民の貧富に由」ると、殖産興業に邁進する。

（出　典）『大久保利通文書』第五、日本史籍協会、一九二八年、復刻版あり

（参考文献）佐々木克『大久保利通と明治維新』〈歴史文化ライブラリー〉吉川弘文館、一九九八年

79 板垣退助《いたがきたいすけ》（一八三七―一九一九）

土佐《とさ》藩馬廻格《うままわりかく》の上士《じょうし》の子として高知《こうち》城下に生まれる。戊辰戦争《ぼしんせんそう》で東北方面の平定に武功を挙げ、廃藩置県《はいはんちけん》後に参議《さんぎ》となるが、征韓論争《せいかんろんそう》に敗れて下野《げや》する。民撰議院設立建白《みんせんぎいんせつりつけんぱく》提出に参加したあと、自由民権運動を指導、明治一四年（一八八一）自由党《じゆうとう》を結成し、総理となる。その三年後に解党してからは逼塞《ひっそく》状態となるが、大同団結運動《だいどうだんけつうんどう》期に活動再開し、帝国議会《ていこくぎかい》開設後、自由党総理に返り咲く。日清《にっしん》戦争後に自由党が第二次伊藤《いとう》内閣と提携すると、内務《ないむ》大臣（内相）として入閣。隈板《わいはん》内閣でも内相となるが、自由党の後身・憲政党《けんせいとう》が立憲政友会《りっけんせいゆうかい》に参加すると政治の第一線から退き、晩年は社会事業に転じた。

板垣死すとも自由は死せず。

今さら何をいう必要もない、名台詞の定番である。明治一五年四月、遊説先の岐阜で暴漢に襲撃され、負傷した板垣が吐いた言葉である。歴史教科書に掲載される機会も多かった、右側に板垣が仁王立ちし、左側で暴漢が取り押さえられている構図の錦絵「板垣君遭難之図」（一陽斎豊宣《いちようさいとよのぶ》作）の写真キャプションでこの名台詞を知った、などという記憶をお持ちの方も多かろう。

しかし、あまりにもできすぎた話であるため捏造説も唱えられ、筆者も軽率にそちらを信じてしまっていた時期があったが、今日では、板垣が名台詞の原型となった言葉をその場で発したことは間違いないとされている。『自由民権機密探偵史料集』（三一書房、一九八一年）所収「探偵上申書」に、負傷直後の板垣が「吾死するとも自由は死せん」といった事実が明記されているためである。

捏造説が根強かったもう一つの理由として、板垣がそうした名台詞に縁遠い人格に見えたからだろう。民権運動期から議会開設後に至るまで、板垣は全国各地を遊説して回っているが、彼が雄弁家であったという評価は聞くことがない。だが、その板垣のある種の言語能力を西園寺《さいおんじ》公望《きんもち》と徳富《とくとみ》蘇峰《そほう》が高く評価している。彼らによると、板垣が実は座談の名手で、その語り口はなかなか論理的で侮りがたいというのである。だとすると、当意即妙の名台詞の一つくらい出てもおかしくはない。

板垣は、内相に二度就任しながら二度とも議会開会前に内閣が倒れたため、議場に立つことがなかったという不運の政治家である。もし立っていたら、持ち前の言語能力でどんな答弁をしただろうか。それを考えると少なからず惜しい気がする。

（出　典）宇田友猪他編／遠山茂樹他校訂『自由党史』中、岩波書店、一九五八年

（参考文献）小玉正任『公文書が語る歴史秘話』毎日新聞社、一九九二年

80 後藤象二郎《ごとうしょうじろう》（一八三八―九七）

土佐《とさ》藩馬廻格《うままわりかく》の上士《じょうし》の家に生まれる。公武合体派として活躍し、明治新政府成立後は参議《さんぎ》となるも、征韓論争《せいかんろんそう》で下野《げや》する。自由党《じゆうとう》結成に参加、同党解党後は大同団結運動《だいどうだんけつうんどう》の盟主となり、民権派再結集に努めたが、途中で黒田《くろだ》内閣に逓信大臣《ていしんだいじん》として入閣し、運動に混乱をもたらす。以後四代の内閣に閣僚となるが、商品取引所《しょうひんとりひきじょ》開設にからむ収賄《しゅうわい》事件により農商務《のうしょうむ》大臣を辞任、失意のまま死去した。

板垣既《いたがきすで》に凶刃《きょうじん》に罹《かか》る歟、予は之より岐阜《ぎふ》に赴き、一大演説会を開き、死屍《しし》を台上に横《よこた》え、以て板垣の為めに弔演説を為さん。而して予も亦た斃《たおれ》る可くんば共に斃れん。

板垣は既に凶刃にかかったか、自分はこれから岐阜に赴いて一大演説会を開き、板垣の屍《しかばね》を台上に横たえ、板垣の追悼演説をやろう。それで自分も死ぬなら、板垣とともに死のう。

芝居なら大向こうから声がかかる。岐阜で板垣退助《いたがきたいすけ》が襲撃され情報錯綜するなか、自由党顧問の後藤が旅支度まで整えて党本部へかけつけて切った、臭すぎる大見得である。だが、これより一ヵ月前、

後藤は憲法調査の外遊に出発直前の伊藤博文《いとうひろぶみ》にわたりをつけていた。政府の資金で板垣を伴い伊藤を追って外遊し、板垣に欧米の実情を見聞させて民権論からの軟化を促し、それを手土産に自分は政府へ復帰する計画を実行に移そうとしたのである。この資金で板垣の負債整理や、党資金補助までもくろんでいた。後藤は、そんな裏工作に手を汚せる寝業師だった。

通常、寝業師は黒子に徹する。戦後政治史を彩る寝業師の三木武吉《みきぶきち》は、病身の鳩山一郎《はとやまいちろう》を首相にすべく献身的に働き、自らは大臣歴すらなかった。しかし、後藤は寝業師に徹しきれず、主役への色気を見せる。右に掲げた臭い台詞はそんな彼の個性を示すものといえよう。この後藤の個性をよく知り、利用したのは星亨《ほしとおる》だった。自由党解党後、色気と金がありそうな後藤をかつぎ出し、大同団結運動のシンボルに据える。後藤は期待に応え、気宇壮大だが内容漠然とした演説をひっさげて全国をまわり、民権派再結集を訴え、頃合いを見計らって黒田内閣に入閣、ようやく政府への復帰を果たした。

しかし、明治二七年（一八九四）春、寝業師の悪運もついに尽き、農商務大臣を辞任する。その後も復権をめざし、日清戦争中の広島大本営に突如現れ、自分を朝鮮政府顧問に推挙してほしいと政府に売り込んだりしたが、不発に終わった。星なら俺の使い道を心得ているのに——後藤がそう呟いたかどうかは定かでないが、その星が駐米公使となって太平洋の向こうで再起を期していた明治三〇年、後藤は、寝業師に不似合いな主役への執念を墓場の中に持っていくことになった。

（出　典）宇田友猪他編／遠山茂樹他校訂『自由党史』中、岩波書店、一九五八年
（参考文献）大町桂月『伯爵後藤象二郎』富山房、一九一四年

81 河《こう》野《の》広《ひろ》中《なか》（一八四九―一九二三）

陸奥国《むつのくに》三春《みはる》藩の郷士《ごうし》の家に生まれる。戊辰戦争《ぼしんせんそう》で三春藩の新政府帰順に尽力し、維新後は地元で戸長などを歴任したが、その中で自由民権論に傾斜し、自由党《じゆうとう》結成に参加する。福島事件《ふくしまじけん》で七年の服役後、自由党再結成に合流して指導者の一人として活躍するも、日清《にっしん》戦争後は不振に陥り脱党し、以後は改進党《かいしんとう》の系譜を引く政党に身を置き、衆議院議長《しゅうぎいんぎちょう》や農商務大臣《のうしょうむだいじん》をつとめた。

区々たる福島一県の利害休戚《きゅうせき》に拘泥して小成に安んずるが如きは、決して吾人の志では無く、又た決して吾党の本領ではない。

とるに足らない福島一県の利害や幸不幸にとらわれ、小さな成果に満足するようなことは、われらの志ではなく、わが党の本領でもない。

明治一五年（一八八二）八月、福島県会議長にして同県自由党のリーダー河野広中が、地元党員の前で行った演説の一節である。同年福島県令《けんれい》となった三島通庸《みしまみちつね》が、三方道路《さんぽうどうろ》（会津から日光・新潟・米沢三方にのびる道路）建設計画をぶち上げ、そのための増税と労役を課す布告を出したのに対し、福島

県会が反発したことから、同年一一月、千数百人の農民と警官との正面衝突に至る。この一連の過程を福島事件と呼び、河野も自由党員を率いて三島の圧制に対抗したが、演説を見るかぎり、三方道路問題には関心を示していない。馬上でジョン・スチュアート・ミルの「自由之理《じゆうのことわり》」を読んで民権論に目覚めた人物にしては冷たい態度だが、かつての研究は、これを志士的な心情にとらわれ農民との連帯に思い及ばなかったためと解釈していた。しかし、三方道路に会津復興の夢を託す士族の存在や、道路で利益を得るか否かで農民の態度に地域的な違いのあることに着目した有泉貞夫が、地域利害に行動を束縛されるのを嫌ったためとする新解釈を提示し、これが現在では説得力を認められている。

地域利害に距離を置いたことで、河野は国家の転覆を企む国事犯《こくじはん》として逮捕されるという名誉を得た。だが、道路や鉄道に代表される地域の利益要求にこたえて政党が地盤を養う手法をとり始めた日清戦後には、河野は忘れられた存在になっていた。その彼が「区々たる」地域利害を顧慮することなく勇躍して本物の志士となったのは、日露講和条約《にちろ》（ポーツマス条約）に激高した民衆の騒擾事件——日比谷焼打ち事件《ひびややきうち》で、二年前には衆院議長であった河野は、颯爽と民衆の先頭に立ったのである。

それから一〇年後、河野は第二次大隈重信《おおくましげのぶ》内閣の農商務大臣となる。およそ不似合いな職への一年九ヵ月の在任は、運命の神様が志士にくださった御褒美ということになろうか。その時、彼の胸に福島事件の記憶は去来していただろうか。

〔出　典〕中山義助編『河野磐州伝』上、河野磐州伝刊行会、一九二三年

〔参考文献〕有泉貞夫『明治政治史の基礎過程』吉川弘文館、一九八〇年。長井純市『河野広中』〈人物叢書〉吉川弘文館、二〇〇九年

82

黒《くろ》田《だ》清《きよ》隆《たか》

（一八四〇—一九〇〇）

黒田清隆は薩摩《さつま》藩の下級武士の出身、幕末に砲兵隊の指揮官として活躍する一方、薩長両藩の間を周旋した。維新後は参議《さんぎ》兼開拓長官《かいたくちょうかん》として北海道開拓を主導し「開拓の父」と呼ばれる。札幌には功績を讃えて銅像が建立されている。明治二十一年（一八八八）には伊藤博文《いとうひろぶみ》から政権を禅譲され、第二代首相に就任。口髭、顎髯、頬鬚をすべて備えた風貌や超然主義《ちょうぜんしゅぎ》演説の教科書的理解、妻殺しが取り沙汰される酒乱・酒狂ぶりからとかく強面《こわもて》の印象が強いが、実際の黒田は本音で勝負する柔軟な政治性の持ち主であった。左は大隈重信《おおくましげのぶ》入閣交渉の内実を伊藤博文に密報した手紙の一節で、黒田の政治手法や人間性が如実に表れている。当時、黒田は内閣顧問《ないかくこもん》、伊藤は首相だった。

兼ね〳〵心事吐露する通至大至公赤心以て国に報ひ斃《たお》るゝ之外なし。前途遥遠目的を達する事中々《なかなか》六ケ敷《むつかしく》、万国神州之歴史に明なり。宇内之

かねがね本音を申し上げて来た通り、公に徹した真心を以て国に報い斃れる他はない。前途ははるかに遠く、目的を達するのが困難なことは世界諸国や神国日本の歴史に照らせば明らかだ。

形勢実況を洞察、実に畢生《ひっせい》之才略智謀与《と》忍耐円滑、以て一致協和し至誠以て尽すより外無之

世界情勢の現状を洞察し、人生をあげての才略知謀と忍耐により、円滑に協和一致との真心を以て国に尽すしかないと大隈を説得した。

条約改正の実現のためには私心を捨てて日本のために協力するしかないと大隈を説得している。そうすればどんな妥協も可能だし、あらゆる行きがかりを捨てることが可能になるのである。黒田は「赤心を吐露する」という言葉を好み、ぎりぎりの交渉・説得の局面でこの言辞を用いた。その本質は「掛け値なしの本音を打ち出し、実行の確約を保証することで相手との和協をめざす」というものであると思われる。幕末の榎本武揚《えのもとたけあき》との五稜郭《ごりょうかく》開城交渉、右の大隈入閣交渉、大同団結運動《だいどうだんけつうんどう》のリーダー・後藤象二郎《ごとうしょうじろう》の引き抜きなどの離れ業はこうした「赤心の吐露」に基づくものであった。大隈入閣交渉は黒田の続報によれば「昨夜大隈伯へ意見書の儀、通論之末、同伯より然らは最早《もはや》此書付は焚捨呉候様申候に付、直に之を取り火中に投し候次第」という劇的な決着を迎えている。時代劇の一場面のような結末は〝作り話〟と見る向きもあったのだが、黒田自身の記述によって実在が示されたのである。黒田は伊藤の幕僚・伊東巳代治《いとうみよじ》や末松謙澄《すえまつけんちょう》の残した書翰の中で酒乱絡みでどこか滑稽な存在として描かれることが少なくない。そうした描写は主人・伊藤へのリップサービスの側面が否めない。情報量の多さは必ずしも内容の正確さを保証しないことに思いを致さなければならないのである。

（出　典）『伊藤博文関係文書』四、塙書房、一九七六年

（参考文献）井黒弥太郎『黒田清隆』みやま書房、一九六五年

83

桂《かつら》 太《た》郎《ろう》

（一八四七—一九一三）

桂太郎は長州《ちょうしゅう》出身の藩閥《はんばつ》政治家である。年齢的には藩閥第一世代に属するが、ドイツ留学が長く、出世が遅れて第二世代的な存在になりかかっていた。しかし、それはかえって桂に幸いした。第一世代の準実力者（中老）が功を急いで自滅するなか、急速に長州閥後継者としての地歩を固めるに至るのである。桂は陸軍軍人として頭角を現したが、アイゼンハワーのように調整能力と人当たりの良さで存在感を高めた。伊藤博文《いとうひろぶみ》は桂のことを「十六万美人」とか「サーベルを下げた幇間《ほうかん》」と揶揄したが、桂はこれを面白がって自ら他に披露したという。俗物ぶりを愛嬌として披露できるのが桂の真骨頂である。巷間、〝山県系〟と目された桂だが、敵を作らない賢さがあった。桂の特長として学習能力・調整力・先見力とサービス精神がある。第二次内閣の組織に際しては日露《にちろ》戦後の最大の課題は財政再建であるとして自ら大蔵大臣を兼任し、夏休みに経済官僚を葉山《はやま》の別荘に呼び集めて学習に努めた。また、その政見として日本の将来は日中関係の処理にかかっていると喝破したが、この予言は残念ながら悪い意味で当ってしまった。桂の調整力とサービス精神は〝ニコポン〟の綽名《あだな》で知られるが、その伝記を

著した徳富蘇峰《とくとみそほう》が「如何なる画工と雖も其のポンチを描きて失敗するものは稀なるへし」と評した愛嬌ある五等身の風姿がいみじくも裏打ちしていた。桂は胃癌に斃《たお》れるが、その死期を悟ったとき、自分の遺体を解剖するように遺言した。欧米の偉人と比較検証されるのを望んでいたのだと言う。その大脳標本は今も東大総合博物館で目にすることができる。その脳髄の重さ（一六〇〇グラム）は仁科芳雄《にしなよしお》博士に破られるまで日本人最重記録だったが、ここにサービス精神とともに密かな矜持を見ることもできよう。桂は長期の休暇に際して秘書官の横沢次郎を相手に回顧録を口述した。桂のサービス精神と矜持（とその背景の弁明）をうかがうことができる。桂は陸相在任時の北清事変《ほくしんじへん》出兵問題について言う。

先《ま》づ覇権を握るよりは之を握るの端緒なれば、列国の伴侶に加はるに在り。其《その》伴侶に加はるには保険料を支払はざるべからず。

今回の出兵は覇権を握るきっかけなので列国の仲間入りする好機である。そのためには保険料を払う必要があり、それが出兵だ。

桂は北清事変への派兵は〝列強クラブ〟への入会資格を得るための好機とするが、焦りを戒める。そしてそのタイミングとは列国が「我が兵力を借らずしては〔事変鎮圧を〕為し能《あた》はず。我国は外交政略としては斯際《このさい》成るべきだけ頭を擡げず、彼れをして援助を乞はしむるこそ」将来の覇権掌握の端緒だとしている。長期的な国益を実現する現実主義に徹したドライな世界観をうかがうことができよう。

〈出　典〉徳富猪一郎『公爵桂太郎伝』乾・坤巻〈明治百年史叢書〉原書房、一九六七年

〈参考文献〉宇野俊一校注『桂太郎自伝』〈東洋文庫〉平凡社、一九九三年。同『桂太郎』〈人物叢書〉吉川弘文館、二〇〇六年

84

青木周蔵《あおきしゅうぞう》

（一八四四―一九一四）

長州《ちょうしゅう》藩の村医の家に生まれ、幕末からドイツに留学。滞独中に医学から政治・経済に専攻を変え、帰国後は外交畑を歩み、第一次山県有朋《やまがたありとも》・第一次松方正義《まつかたまさよし》・第二次山県の各内閣で外務大臣をつとめる。

仰ぎ希《こいねがわ》くば一日も早く討露の議を決し給わんことを。願わくば一日も早くロシア討つべしの御決断を。

義和団事件《ぎわだんじけん》が一段落した明治三三年（一九〇〇）九月、外相の青木周蔵が、書記官の小松緑《こまつみどり》に口述筆記させた上奏文《じょうそうぶん》の一節である。天皇に、対ロシア戦の決断を迫る上奏を行ったのである。驚いた山県首相は青木を止めたが、聞き入れない。大日本帝国憲法五五条に「国務各大臣は天皇を輔弼《ほひつ》し其の責に任ず」とあるではないか、外交は外相の専管事項で、天皇に対してのみ責任を負うのだ、という単独輔弼の論理は重い。

これより十余年前、当時の黒田清隆《くろだきよたか》首相はそれを盾にとり、大隈重信《おおくましげのぶ》外相が進めていた条約改正を閣議にかけないという挙に出た。その時に外務次官だった青木は、その経緯を知っていたはずである。しかも、雌伏八年、ようやく外相復帰を果たした青木は、腕の見せどころは今とばかりに張り切っている。困り抜いた山県は、政権を投げ出し、後継首班を青木と関係の悪い伊藤博文《いとうひろぶみ》とすることで、青木に引導を渡す。総辞職を想定しない帝国憲法体制の、政策面の閣内不一致による総辞職の嚆矢《こうし》である。

通常、帝国憲法下で一人の大臣が首相あるいは他大臣と意見を異にした時、なぜ内閣総辞職に至るのかは、その大臣が自分だけの意見を天皇に上奏し、しかも内閣に残留することが認められるとなると、内閣の一体的な意思決定を行うことも、当該大臣を罷免することも憲法上許されないから、内閣は総辞職せざるをえない、と説明される。しかし、安念潤司は憲法学の立場からそれに疑問を呈し、帝国憲法体制は、内閣の全員一致を無理にでも調達もしくは擬制する装置を欠くシステムとみるべきだとしている（「憲法学から見た行政組織改革」『日本公共政策学会年報』二〇〇〇年）。傾聴すべき見解といえよう。帝国憲法下の総辞職は、あくまで慣習もしくは便法ではないだろうか。

青木という特異な個性の持ち主の、つんのめった行動が投げかけた問題は、実は至極まっとうで重いものを以後の政治慣習に残したということになるだろう。

（出　典）小松緑『明治外交秘話』千倉書房、一九三六年
（参考文献）村瀬信一『明治立憲制と内閣』吉川弘文館、二〇一一年

85

星《ほし》 亨《とおる》

（一八五〇―一九〇一）

江戸の築地《つきじ》に左官の子として出生。維新後に陸奥宗光《むつむねみつ》の知遇を得て官途に就く。イギリス留学で日本人初の法廷弁護士資格を得て、帰国後に自由党《じゆうとう》入り。議会開設後は衆議院議長《しゆうぎいんぎちよう》となるも、収賄《しゆうわい》疑惑で議員除名され、一時逼塞《ひつそく》するが、隈板《わいはん》内閣誕生とともに復活。自由党の後身の憲政党《けんせいとう》を、伊藤博《いとうひろ》文《ぶみ》の新党の立憲政友会《りつけんせいゆうかい》に参加させ、党内の実権を握る。第四次伊藤内閣の逓信《ていしん》大臣（逓相）となるも、東京市疑獄《ぎごく》で辞任後、暴漢により暗殺される。

大丈夫の事、棺をおふて後知るべし　――　大丈夫たる者の評価は死んでからわかるものだ。

元ネタは中国の歴史書『晋書《しんじよ》』劉毅《りゆうき》伝《でん》と格調高いが、状況はとんでもない。代議士・逓相にして東京市会議長という、今ならありえない兼職をしていた星亨が、当時進行中の東京市のインフラ整備に絡む配下の市議の収賄事件（東京市会疑獄）への関与を追及されて逓相を辞任する際、こう言い放ったのである。俺の真価がわかるのは俺の死んだ後だ、と。図々しいにも程があるが、純粋に言葉だけを取り出せば、中曽根康弘《なかそねやすひろ》が愛用した、政治家は歴史法廷の被告、という表現と相通ずる。自分は当然歴史に祝福されるはずだという中曽根流の美学と陶酔に無縁な分、手段を選ばず、憲政党を伊藤博文に結びつけた星の開き直りは、黒光りする凄味をたたえている。

『人物叢書』（中村菊男、吉川弘文館）がこの星の生涯を昭和三八年（一九六三）に世に出したのは慧眼《けいがん》だった。その八年後、坂野潤治の名著『明治憲法体制の確立』の、同時代の政治家としての星亨の辟易するようなあくの強さと、自由党を強引に方向転換させる決断と行動力を発揮する歴史上の人物としての彼の魅力とのギャップを指摘する「あとがき」が予言するかのように、政党政治の道を切り開いたばかりか、地方利益誘導による政党地盤涵養《かんよう》という、戦後にも続く政治手法の開発者として星を高く評価する有泉貞夫による評伝が出て、星は「棺をおふて後」八〇年以上経ってから、歴史法廷での無罪判決を勝ちとった。

この星の派閥と政治手法を引き継いだ原敬《はらたかし》は、組閣して抜群の政治指導を展開したことと、浩瀚な日記を残したことが幸いして、死後四七年で三谷太一郎『日本政党政治の形成』（東京大学出版会、一九六七年）を得た。戦後に星や原の政治手法を全面開花させた田中角栄《たなかかくえい》はどうだろうか。君は政権党の総裁として組閣し、政権の座を降りた後も党を実質的に支配した。わしと原とを合わせたようではないか。きっとよき歴史家が現れるさ——星は冥界で田中をこう激励しているかもしれない。

（出　典）有泉貞夫『星亨』〈朝日評伝選〉朝日新聞社、一九八三年
（参考文献）坂野潤治『明治憲法体制の確立』東京大学出版会、一九七一年

86

小《こ》村《むら》寿《じゅ》太《た》郎《ろう》（一八五五―一九一一）

明治期の外交官。日向国《ひゆうがのくに》飫肥《おび》藩（宮崎県日南市《にちなん》）の藩士寛《ひろし》の長男に生まれる。維新後文部省《もんぶしよう》留学生となり、ハーバード大学に学ぶ。明治一三年（一八八〇）帰国して司法省勤務、のち外務省に移る。父の借金と翻訳業務への塩漬け人事のため、不遇を託《かこ》つ。陸奥宗光《むつむねみつ》に見出され、日清《につしん》戦争中に占領地行政に関与して桂太郎《かつらたろう》の知遇を得る。外務次官・駐米公使を経て、第一次・第二次桂内閣で外務大臣となった。第二次桂内閣の外相時代には関税自主権《かんぜいじしゆけん》回復の条約改正に成功した。

明治三四年、小村の外相就任時の課題は、日露協商《にちろきようしよう》と日英同盟《にちえいどうめい》の選択であった。小村は、日英同盟を推し、一二月七日元老《げんろう》会議に「日英協約《きようやく》に関する意見」を提出した。外務省政務局長山座円次郎《やまざえんじろう》の原案に小村が手を加えたものである。日露協約（協商）のマイナス点を四つ挙げ、日英協約（同盟）のプラス点を七つ挙げ、日英協約が日本の利益となることを論じ、次のように続ける。

今や欧洲列強《れつきよう》は或《あるい》は三国同盟と云《い》い、或は二 ― 今日、欧州の列強国は、あるいは三国同盟とい国同盟と称し、各《おのおの》合縦《がっしょう》〔従〕連衡《れんこう》に依《よ》りて己《おの》れの利益を保護並に拡張しつつあり。此間に処して独り孤立を守るは策の得たるものにあらず。現に英の如き多年中立を以て其《その》国是と為《な》せる邦国すら尚且《なおかつ》他と協議せんことを希望するに至る。時勢の変遷亦《また》推《お》して知るべきのみ。故に我邦に於《おい》ても此際断じて協約を結ぶの得策なるを信ず。

い、あるいは二国同盟と称して合従連衡を行うことで、自国の利益を保護し、拡充しつつある。この状況に対して、孤立政策を守るのは適切な政策ではない。実際に、イギリスのような、長年にわたり中立政策を国是としてきた国でさえも、他国と協議することを希望するようになっている。時勢の変遷を推察すべきである。よって我が国も、この時にあたりきっぱり協約を結ぶことが得策であると、私は信じている。

欧州各国が自ら権益のために、利害調整の協商と軍事協定の同盟とを多方面で結び合っている時代であり、「孤立を守るは策の得たるものにあらず」と論ずる。そして同盟・協商関係を築かず「光栄ある孤立」と呼ばれてきたイギリスも方針を変えたと時代の変化を述べ、イギリスが同盟を求めることに懐疑的な元老たちを説き伏せる。外交政策の変化の潮流を見極めた意見書であった。さらに小村は、イギリスは全盛期を過ぎており協約は有期とした方がいいと続け、怜悧な観察も示している。

翌明治三五年日英同盟協約は締結され、やがて日露戦争となった。日露戦後、日本は、ロシアとの関係も好転させ、小村がめざした多角的な同盟・協商関係を構築するに至る。

〈出　典〉外務省編『日本外交文書』第三十四巻、日本国際連合協会、一九五六年

〈参考文献〉片山慶隆『小村寿太郎』〈中公新書〉中央公論新社、二〇一一年

87 山県有朋《やまがたありとも》（一八三八―一九二二）

長州《ちょうしゅう》藩の中間《ちゅうげん》の子として出生。第二次長州戦争・戊辰戦争《ぼしんせんそう》で武功をあげ、明治初年に陸軍創設に尽力後、内務卿《ないむきょう》・内務大臣として地方自治制の基礎を確立。二度組閣したが、政党には常に警戒的で、官界や陸軍に強大な山県系人脈を形成して対抗し、元老《げんろう》として大正期まで権勢を保持した。

貴諭の第二問題に付而《ついて》断然たる手段、則《すなわち》戦争開始の論は、老生は承知致さざるよう相覚え申し候。

御示しの第二問題について断然たる手段、すなわち開戦の論は、自分は承知した覚えはない。

日露《にちろ》戦争勃発直前、明治三六年（一九〇三）一二月二一日付の桂太郎《かつらたろう》首相宛ての山県書翰である。かつて藤村道生が、日清《にっしん》・日露両戦争を特集した『歴史と人物』昭和五八年（一九八三）七月号所載の座談会「〝勝利〟のあとに何がきたか」において、秦郁彦の、参謀本部もなかなか開戦を前提とした準備に入る踏ん切りがつかなかった、という発言を受けて、「山県もずいぶん後まで「自分は開戦に同意した覚えはない」という手紙をわざわざ証拠に残るように出したりしている」と指摘しているのが、おそらくこの書翰であろう。この藤村発言を読んだ時、情勢緊迫していたこの時期に、そんなアリバイづくりをしている山県という人物の姑息さが強く印象に残ったのを記憶している。

だが、一九九〇年代に入ると、日露開戦過程の研究水準は向上し、満韓《まんかん》不可分論に基づく開戦か、満韓交換論の立場からの妥協かという一本の軸では語れなくなってきた。右の書翰も、ロシアとの交渉にあたり、満洲をロシアに、朝鮮を日本に、という対等な満韓交換をただちに要求すべきだと山県が主張したのにもかかわらず、閣議では日本にできるだけ有利な満韓交換を追求する方針が決定したことを受けて、桂が山県をなだめるために、①満洲については押せるところまでロシアに要求するが、開戦までは考えていない、②朝鮮については、当方の希望が容れられない時は戦争に訴えても貫徹をはかる、という方針を補足説明したのに対し、山県が②については承知していない、と伝えたのである。

日露開戦に至るまで、日本政府および陸海軍の指導者たちは、持っている経験と知識を総動員して、緻密にして熱い議論を繰り広げており、古稀に近かった山県とて例外ではなかった。これから約一〇年後、第二次大隈重信《おおくましげのぶ》内閣の外務大臣（外相）加藤高明《かとうたかあき》が、重要な対外方針決定に元老の容喙《ようかい》を排除しようとした際、山県が激怒したのも、そうした経緯を考えれば充分に理解できる。それに思い至った時、筆者の山県に対する印象も劇的に変化したのであった。

（出　典）千葉功編『桂太郎関係文書』東京大学出版会、二〇一〇年
（参考文献）千葉功『旧外交の形成』勁草書房、二〇〇八年

88 明治天皇《めいじてんのう》（一八五二—一九一二　在位一八六七—一九一二）

明治天皇の歴史的な位置づけは意外に難しい。戦前の「万能の聖天子《せいてんし》」に始まって戦後の「制度化された存在」などさまざまだが、最近では選挙干渉問題への発言を取り上げて立憲政治《りっけんせいじ》への夾雑物《きょうざつぶつ》のように見る向きもある。これは〝立憲政治〟の意味づけが時代や人によって異なることに由来する。伊藤博文《いとうひろぶみ》は君権の制限を軸とする成文憲法《せいぶんけんぽう》は欧米《おうべい》主要国（いわゆる列強《れっきょう》）への仲間入りの要件と考えたが、天皇の政治的無力化までは求めなかった。明治の元勲《げんくん》の中には君主と臣民が対立したことのない日本には憲法は必要ないとする向きもあったが、伊藤は主要国入りするためには憲法は不可欠と考え、この線で合意を取り付けた。実際のところ、明治時代における天皇についての認識は「明治維新という一回性の新しい国造りの象徴であり、正当性（正統性）の根拠」というあたりだったと思われる。

帝国憲法は「天皇ハ戦ヲ宣シ和ヲ講シ及諸般ノ条約ヲ締結ス」と定めるが、天皇が欧州の専制君主国の君主のように秘密外交を行ったり行政府に無断で同盟を組むことはなかった。明治天皇は日清《にっしん》戦争・日露《にちろ》戦争の開戦に懐疑的だったと伝えられるが、政府・軍部の決定を覆したり変更を加えることはなかった。日露戦争開戦を決定する御前会議《ごぜんかいぎ》の席上、左の御製を披露した。

よもの海みなはらからと思ふ世に
など波風のたちさわぐらむ

——私は世界中が同胞と思っているのになぜ波風が
立ち騒ぐのだろう

だが、政府・軍部が特に反応を示さないとそれ以上の行動には出ず、以後は軍務に精励して体調を悪化させた。この御製は大東亜《だいとうあ》戦争／太平洋《たいへいよう》戦争開戦の御前会議でも昭和《しょうわ》天皇が引用して再考を求めたことでも知られるが、黙殺されたのも同様である。また憲法には「天皇ハ……文武官ヲ任免ス」とあるので首相・閣僚や高級軍人の任免権は天皇にあると考えられたが、首相・閣僚の銓衡《せんこう》にあたって提示された選択肢に判断を示したり人選に感想を示す形で再考を促すことはあったものの、自由意志で人事に言及することは稀であった。ただし藩閥政府が当事者能力を失ったときは、自ら収拾に乗り出すこともあった。迷走を続ける第二次松方《まつかた》内閣に「高嶋《たかしま》・樺山《かばやま》を辞職せしめて後、松方辞職するの運ひに致すへし」（『野村靖日記』）と引導を渡したのは昭和天皇の田中《たなか》内閣への退陣指示に先立つこと三〇年、知られざる秘史である。第四次伊藤内閣が国債支弁事業打ち切り問題の紛糾で伊藤が単独辞任したとき、天皇は伊藤に「卿等は辞表を出せば済むも朕は辞表は出されず」と諧謔《かいぎゃく》気味に話している。退位が可能になった令和《れいわ》の御代を見たとき明治帝は何と仰せになるであろうか。

（出　典）『明治天皇御集・昭憲皇太后御集』内外書房、一九二九年
（参考文献）長井実・田中英一郎編『先帝と居家処世』九経社、一九一二年

89

与謝野晶子《よさのあきこ》

（一八七八—一九四二）

明治後期—昭和戦前期の歌人・評論家。大阪堺の菓子商鳳宗七《ほうそうしち》の三女に生まれる。本名しやう《しょう》。経綸を含む青年の熱情を短歌にもたらそうとする与謝野鉄幹《てつかん》の新詩社《しんししゃ》に明治三三年（一九〇〇）加わり、『明星《みょうじょう》』に短歌を発表。明治三四年、第一歌集『みだれ髪』を出版、「やは肌のあつき血潮にふれも見でさびしからずや道を説く君」の歌に見る濃艶・甘美、それでいて清麗な歌風で注目された。鉄幹を慕い堺を出奔、妻滝野《たきの》を追い出す形で結婚した。

ああをとうとよ、君を泣く、
君死にたまふことなかれ、〈以下の第1・2連略〉
君死にたまふことなかれ、
すめらみことは、戦ひに
おほみづからは出でまさね、

ああ弟よ、あなたのことを思って泣きます。
あなたはお亡くなりになってはいけません。
あなたはお亡くなりになってはいけません。
天皇陛下は戦争にはおん自らは御出陣なさいま

かたみに人の血を流し、
獣《けもの》の道に死ねよとは、
死ぬるを人のほまれとは、
大みこころの深ければ、
もとよりいかで思《おぼ》されむ。〈以下第4・5連略〉

せん。かわるがわる人の血を流し、獣のように死んでしまえとは、死ぬことは人間の誇りとは、陛下のおこころは深いことですから、申すまでもなく、どうしてそのように思われることがありましょう。

明治三七年二月日露《にちろ》戦争が勃発した。八月には第三軍が旅順《りよじゅん》攻撃を開始し、激戦が繰り広げられた。家業を継いでいた弟の籌三郎《ちゅうさぶろう》が攻撃に加わっていると聞き、晶子はこの詩を『明星』九月号に発表した。これに対し大町桂月《おおまちけいげつ》が『太陽』一〇月号で「「義勇公に奉ずべし」とのたまえる教育勅語《きょういくちょくご》、さては宣戦詔勅《しょうちょく》を非議す」と批判した。晶子は「ひらきぶみ」を発表し、「無事で帰れ、気を附けよ、万歳」と同じく「まことの声」と反駁《はんばく》したが、桂月は「乱臣なり、賊子なり」と非難を重ねた。第二次世界大戦後、この詩は反戦詩として評価が高まるが、弟を心配しての真情を吐露した詩であろう。また晶子は、「ひらきぶみ」で「死ねよ〳〵」「忠君愛国」「教育御勅語などを引きて論ずることの流行は、この方かえって危険」と述べている。教育勅語の明治天皇と異なる、「死ぬるを人のほまれ」とは思わない明治天皇が晶子には存在した。顕教・密教ではない天皇像である。

〈出　典〉鹿野政直・香内信子編『与謝野晶子評論集』〈岩波文庫〉岩波書店、一九八五年

90 大山《おおやま》 巌《いわお》（一八四二—一九一六）

薩摩藩《さつま》（鹿児島藩）出身で西郷隆盛《さいごうたかもり》の従兄弟。幕末期は勤王の志士として活躍し、西南戦争《せいなんせんそう》では政府軍指揮官として西郷隆盛を追い詰めた。その後も山県有朋《やまがたありとも》とともに陸軍の頂点に君臨し、日露《にちろ》戦争では満洲軍総司令官《まんしゅうぐんそうしれいかん》として現場で指揮をとった。

戦略上の成功に依《よ》りて政策の取るべき方針を決定せんとするが如《ごと》きことあらんか、軍隊は目的無きの戦闘に従事し、且《かつ》損傷を蒙《こうむ》らざるべからず。

明治三八年（一九〇五）三月一〇日、日露両軍併せて六〇万を超える兵士が激突した大決戦の奉天《ほうてん》会戦《かいせん》で日本は勝利をおさめ、陸戦での日本の優位は決定的となった。この勝利に酔った日本国内では、弱ったロシアに対し「乗ず可《べ》し。大に乗ず可し。今日の機会に乗ぜずして其《そ》れはた何《いずれ》の時を待たん。大胆なる軍略、無遠慮なる方針、施す所として可《か》ならざる無けん」（『朝日新聞』明治三八年三月二九日）と、敗走するロシア軍を追撃して、さらに大きな権益を獲得しようと沸き立ちつつあった。

しかし、満洲軍総司令官の大山巌や満洲軍総参謀長《そうさんぼうちょう》児玉源太郎《こだまげんたろう》は、日本軍の損害も甚大《じんだい》であることを自覚していた。そこで三月一四日、大山は大本営《だいほんえい》にいる参謀総長《そうちょう》の山県有朋に電報を送った。そこにはまず、ロシア軍を追撃するか、このまま持久戦とするかのいずれを選択するにしても、「政策と一致」していなければ「幾万の生霊《せいれい》をして行う所の戦闘も、遂《つい》に無意義、無効果に終」わるだろうと記され、これに続いて、右のことばが登場する。戦略上の目的と、それを支える国内的および対外的政策が一致していてこそ、戦争は有利に進められるであろうが、ただ一時の勝利の勢いだけで十分な政策的準備もせずに新たな戦闘に突き進むようでは、軍隊は戦う目的を見失い、かつ損害も大きいだろう。いうまでもなく、これ以上の追撃が無理であることを大山は言いたかったのである。そして、この電報はただちに明治天皇にも披露され、結局、大山の進言通りに、海軍の決戦を待ちつつ陸軍は持久戦をとることになった。

周知のように、このの5日本海海戦でも日本が勝利し、同年九月四日にポーツマスで講和条約が結ばれ戦争は終結した。これを受け、日比谷焼《ひびやや》打《きう》ち事件という形で不満を爆発させたのが、戦争の継続を望む国民であった。もちろん時代も状況も違うので意味はないが、昭和一二年（一九三七）に日中《にっちゅう》戦争が開始され、緒戦の勝利に日本軍も日本国民も熱狂した場面と比較すると、その違いを考えずにはいられない気持ちになる。

（出　典）宮内庁編『明治天皇紀』第十一、吉川弘文館、一九七五年

（参考文献）小林道彦『児玉源太郎』〈ミネルヴァ日本評伝選〉ミネルヴァ書房、二〇一二年

91

東郷平八郎《とうごうへいはちろう》

（一八四七―一九三四）

東郷平八郎は薩摩《さつま》藩出身の海軍軍人、幕末には藩の海軍に属し、戊辰《ぼしん》戦争最終盤の箱館《はこだて》戦争では乗艦「朝陽《ちょうよう》」が榎本《えのもと》軍の決死の反撃に撃沈され、九死に一生を得たことがある。日清《にっしん》戦争開戦劈頭《へきとう》の「高陞《こうしょう》」号撃沈事件では巧みに立ち回って国際法問題を回避し、布哇《ハワイ》事変《じへん》に際しては小艦隊を率いて現地に急行し、いったんはアメリカのハワイ併呑《へいどん》を阻止するなどなかなかの国際感覚の持ち主であった。日露《にちろ》戦争の終盤、長駆来寇《ちょうくらいこう》したロシアのバルチック艦隊を殲滅した日本海海戦は世界的にも名高く、〝世界の三大海戦〟として喧伝された（他の二つはサラミス海戦、トラファルガー海戦）。祖国存亡の危機を救った救国の英雄ということから〝東洋のネルソン〟〝聖将〟と評する向きもある。

日本海海戦にあたって泊地から戦場に出撃する際に発電した東郷聯合艦隊《れんごうかんたい》司令長官名義の電報「敵艦見ユトノ警報ニ接シ聯合艦隊ハ直チニ出動、之ヲ撃滅セントス。本日天気晴朗ナレドモ波高シ」は稀代の名文として知られ、戦前には暗唱できる人が多かった（実際には参謀の秋山真之《あきやまさねゆき》が起案したと言われる）。対馬東水道での会敵に際して旗艦「三笠《みかさ》」のマストに掲げられたZ旗の意味する「皇国ノ荒廃

此ノ一戦ニ在リ　各員一層奮励努力セヨ」とともに帝国日本の交流と栄光を象徴する名文句として今日に語り継がれている。戦時体制から平時への復帰に伴い、聯合艦隊は明治三八年（一九〇五）一二月二〇日を以ていったん解散した。このときの東郷の訓示の中に左の有名な一節がある。

百発百中の一砲能《よ》く百発一中の敵砲百門に対抗し得るを覚らば我等軍人は主として武力を形而上に求めざる可《べか》らず。

百発百中の大砲一門が百発一中の大砲百門に対抗できるのを理解出来れば軍事力の根源は形而上にあることが判る。

のちに単純化・標語化されて「百発百中の砲一門は百発一中の砲百門にまさる」として知られることになる一文である。この標語は、百発百中の砲一門と百発一中の砲百門が同時に撃ち合うと百発百中の砲は最初の一撃で破壊されてしまうという数理的現実から理屈として成り立たないという指摘が戦前からなされている。ただ、これは全体の文脈を見ていない、ためにする議論である。東郷は「武力なるものは艦船兵器等にのみあらずして之を活用する無形の実力にあり」と前置きしている。つまりいくらカタログデータが優れていても、平素の訓練や士気の維持昂揚が伴わなければ有事の際に役立たないと述べているのである。軍事はすぐれて理科系の学問であるが、文科系からも無縁ではないのである。

（出　典）『聖将東郷全伝』巻、小笠原長生編著、国書刊行会、一九八七年
（参考文献）宮内庁編『明治天皇紀』第十一、吉川弘文館、一九七五年

92

乃《の》木《ぎ》希《まれ》典《すけ》

（一八四九—一九一二）

乃木は長州《ちょうしゅう》出身の陸軍軍人、明治天皇御大葬の当日、妻の静子《しずこ》とともに自刃したことで知られる。この行動は当時から議論を呼び、夏目漱石《なつめそうせき》の『こゝろ』に取り上げられたのを皮切りに、現代においても井上ひさし『しみじみニッポン乃木大将』や渡辺淳一『しじまの声』などの文芸作品が生まれている。日露《にちろ》戦争の陸の英雄として称えられた乃木希典だが、その軍人人生には早くから悲劇の影がついて回った。西南《せいなん》戦争に際しては麾下《きか》の部隊が西郷軍に敗れ軍旗を奪われるという失態に見舞われた。日露戦争の旅順《りょじゅん》攻防戦においては最終的にロシア軍を降伏させたものの、一つの戦場で戊辰《ぼしん》戦争・西南戦争を大きく上回る死傷者を出し、その指導力・力量に疑問符が付せられた。バルチック艦隊の来寇までの攻略というタイムリミットがある上に無数の堡塁《ほうるい》や機関銃で堅固に防備された要塞を陥落させなければならないという悪条件のもとで戦ったのだが、戦勝の英雄として称えられる一方で、「実は凡将では…」という陰口や苦戦責任を問う声が絶えなかった。巷間、伝えられる指導部の乃木更迭の動きを明治天皇が「乃木は軍旗事件でも責任を痛感しており、解任されれば死ぬ。乃木を死な

せてはならない」として制止したという挿話は明治天皇の逸話集には全く見えず、第二次世界大戦後に作られた明治天皇物の映画の中で創作・流布された話らしい。しかしながら乃木が多数の死傷者を出したことに心を痛めていたことは彼の残した漢詩から知ることができる。たとえば「凱旋有感《がいせんかんあり》」と題する七言絶句では、左のように詠んでいる。

王師《おうし》百万 強虜《きょうりょ》を征す
野戦攻城 屍《しかばね》山《やま》を作《な》す
愧《は》づ、我何の顔《かんばせ》あってか父老に看《まみ》えん
凱歌今日幾人か還る

百万の皇軍は強敵のあらえびすロシアを打ち破った。野戦に攻城戦に戦死者の遺体は山を作った。私は戦死者の父上にあわす顔がない。今日、凱旋の日を迎えたのだが、一体何人が無事に祖国に帰れたのだろう。

乃木の凱旋は明治三十九年（一九〇六）一月に行われているのでこの頃の作であろう。冒頭の「王師」は「皇師」とするバージョンもある。乃木には他に「金州城下作」と題する七言絶句もあり、こちらでは「山川草木転《うた》た荒涼　十里《じゅうり》風《かぜ》腥《なまぐさ》し新戦場　征馬前《すす》まず人語らず　金州城外斜陽に立つ」と戦闘直後の光景を描き出す。いずれの作品にも戦勝の高揚感はなく、ただただ寂寥《せきりょう》と無常感とが漂っている。なお乃木はその遺書の中で自分の死後は養子を迎えたりせず乃木家を絶家にするように言い残していたが（二人の子息は旅順で戦死していた）、この遺言を履行するか否かを巡って紛糾が生じている。

（出　典）乃木将軍詩集「凱旋有感」
（参考文献）宮内庁編『明治天皇紀』巻十一、吉川弘文館、一九七五年

93 岡倉天心《おかくらてんしん》（一八六三—一九一三）

日本美術史研究の創始者、思想家。文部省在勤中にフェノロサとともに古社寺を調査。帝国博物館理事、東京美術学校校長をつとめるが、内紛で明治三一年（一八九八）に辞職し、橋本《はしもと》雅《が》邦《ほう》、横山大《よこやまたい》観《かん》、菱田《ひしだ》春草《しゅんそう》、下村観山《しもむらかんざん》らと日本美術院を創立。明治三七年からボストン美術館に勤務し、のち中国日本部長となる。理念と制度の両面から、明治期に「日本美術」の枠組みを創出する上で最も重要な役割を果たした。

Asia is one.

——アジアは一つである。

原文（英語）ではわずかに三語のこの文章ほど、著者の意図を離れて近代日本の歴史の中を一人歩きしたことばも稀だろう。『東洋の理想』The Ideals of the East : with special reference to the art of Japan の冒頭の一句である。明治三八年のインド旅行ののち、本名の岡倉覚三《かくぞう》名（天心は号の一つ）で英語で書かれ、翌年イギリスで出版された。岡倉の生前に出版された著書は、『東洋の理想』、『日本の覚醒』The Awakening of Japan、『茶の本』The Book of Teaの三冊のみであり、いずれも岡倉覚三名で英語で書かれた。日本語訳が出版されたのは最も早い『茶の本』でも昭和四年（一九二九）になってからで、『東洋の理想』の最初の完訳は昭和一〇年（『岡倉天心全集 天の巻』聖文閣）である。

岡倉天心の「再発見」が昭和一〇年代の日本浪漫派《ろまんは》の人々を中心になされ、やがて「アジアは一つ」が大東亜《だいとうあ》共栄圏《きょうえいけん》の予言的なことばのように扱われたことは、岡倉とその思想にとって不幸なことであった。戦後思想の中で、「大東亜戦争」の時務的な文脈から救出する努力がなされたが、それも「アジア主義」の再評価という、岡倉には責任のとりようのない一人歩きの結果とも言える。

岡倉の著作には、それぞれの時代の日本人にさまざまな読みを誘発する要素があり、すべてが誤読とは言えない。だが『東洋の理想』が、インド、中国、日本の美術の、他のなしえない実見に基づくものであったことは重要である。明治の日本人による美術を核としたアジアへの省察という岡倉の著作の独創的な位置は、まだ十分に読み解かれていない。

〈出　典〉「東洋の理想」佐伯彰一訳『東洋の理想他』〈東洋文庫〉平凡社、一九八三年（『岡倉天心全集』一、平凡社、一九八〇年からの再録）

〈参考文献〉『岡倉天心全集』全八巻別巻一、平凡社、一九七九―八一年。木下長宏『岡倉天心』〈ミネルヴァ日本評伝選〉ミネルヴァ書房、二〇〇五年。『別冊太陽209　岡倉天心』平凡社、二〇一三年

94 北《きた》一輝《いっき》（一八八三―一九三七）

本名輝次郎《てるじろう》。二・二六事件を引き起こした陸軍青年将校グループの精神的な支柱とされたカリスマ的思想家。明治三九年（一九〇六）に独学で『国体論及び純正社会主義』を書き上げるが発禁処分となる。その後中国革命運動に関わり、大正八年（一九一九）には大川周明《おおかわしゅうめい》らの猶存社《ゆうぞんしゃ》に加わる。上海《シャンハイ》で書いた『国家改造法案大綱』は陸海軍の革新的な青年将校のバイブルとなった。

実に維新革命は国家の目的理想を法律道徳の上に明かに意識したる点に於《おい》て社会主義なり、而《しか》してその意識が国家の全分子に明かに道徳法律の理想として拡張したる点に於て民主々義なり。

北がわずか二三歳で自費出版した、一〇〇〇頁に及ぶ『国体論及び純正社会主義』の一節である。刊行から五日後に発禁処分を受ける。北はその後中国革命運動に関わり、辛亥革命《しんがいかくめい》の勃発で上海に渡るが、日本総領事より国外退去処分を受ける。大正八年、再度渡った上海で書き上げた『国家改造案原理大綱』（のちの『日本改造法案大綱』）をひっさげて帰国し、超国家主義運動の中心人物の一人となるのである。北は民間人であり青年将校のクーデターと直接の関わりはなかったが、二・二六事件で憲兵隊に検挙され、昭和一二年（一九三七）八月に軍法会議で死刑判決を受ける。

そのような、後年の北の思想と結びつけるのも一つの読み方である。しかし、ここでは、それが書かれた時代状況の中に置き直してみたい。『国体論及び純正社会主義』は、若き北一輝が日露戦争《にちろせんそう》の最中に図書館にこもって、穂積八束《ほづみやつか》から美濃部達吉《みのべたつきち》に至る憲法学者の著作と格闘し、それらを徹底的に批判する中で生み出した、明治維新《めいじいしん》の再定義である。

明治一六年生まれの北にとって、物心ついた頃に大日本帝国憲法はもう存在していた。同時に、一〇〇〇頁の大著を書いた頃の北は、幸徳秋水《こうとくしゅうすい》や堺利彦《さかいとしひこ》と交流を持つ、早熟で特異な社会主義者であった。「維新革命其事が社会民主々義なり」とする北にとって、維新革命とは明治二三年の憲法制定までの連続的なプロセスであった。『国体論及び純正社会主義』は、維新の動乱も民権運動も知らない世代による、本格的かつ鋭利な明治維新論である。同時にそれは、独自の維新革命論によって帝国憲法を賦活《ふかつ》し、それを改革思想の起点に読み替えようとする試みでもあった。

（出　典）『北一輝著作集』第一巻、みすず書房、一九五九年
（参考文献）『北一輝著作集』全三巻、みすず書房、一九五九—七二年。松本健一『評伝 北一輝』全四巻〈中公文庫〉中央公論新社、二〇一四年

95 後藤新平《ごとうしんぺい》（一八五七―一九二九）

明治・大正時代に後藤新平という独特な個性を持った官僚政治家がいた。彼は元来医師であったが、明治一五年（一八八二）に内務省《ないむしょう》衛生局《えいせいきょく》に入って以来、「生物学の原則」に基づいた統治技術を考案し、特に台湾や満洲《まんしゅう》の植民地統治にそれを活用した。また、大正一二年（一九二三）の関東大震災の直後には、大規模な復興計画案を立てて「大風呂敷」などと揶揄されたが、他方で彼は綿密な調査と計画を心がけており、国民の間からも人気が高かった。

植民政策のことは、詰《つま》り文装的武備で、王道の旗を以て覇術《はじゅつ》を行う。斯《こ》ういうことが当世紀の植民政策であると云《い》うことは免れぬので、それに対しては如何《いか》なる施設が必要であるかと云うことは、帝国の植民政策の関係から起るのであります。

この文意を簡単に説明すれば、一九世紀的な帝国主義的植民地政策とは異なり、二〇世紀においては王道（文明）によって覇術（植民地統治）を行う必要があり、それが「文装的武備」であると後藤は述べている。もう少しいえば、植民地を経済的に発展させるだけではなく、学校・病院・鉄道など文明的施設の建設によって植民地住民の理解が得られるようにしなければならない。具体的には彼が総裁に就任した南満洲鉄道《みなみまんしゅうてつどう》会社の例でいえば、その経営する事業が成功を収めることで、鉄道という文明の利器を活用することでモノや人が行き来して満洲が発展するだけでなく、さらに満鉄・シベリア鉄道が繋がって東洋と欧州が結びつくことで、東西文明の融合にも寄与し、世界の平和に貢献するであろうと彼は主張した。

じつはこの「文装的武備」論は、当初は陸軍の非難をかわすためのものであったという。日露《にちろ》戦後のいまだ軍人の意気が高かった時期に、満洲の軍事力を増強するよりも、すぐに軍事用に切り替えられる鉄道や、簡単に野戦病院に転用できる民生用の病院を建設することの方が国防にもより効率的である、と後藤は彼らを説得したのである。この点からみれば、「文装的武備」論は日本帝国の国家戦略の一部ということになろう。確かにそうであるが、後藤は、その国家間の対立の解消すらも視野に入れており、単なる国家戦略と片付けてしまってはかわいそうに思われる。ただし、その後の満鉄の足取りは必ずしも彼の意に沿うものではなく、むしろ国家間対立の象徴となってしまった。彼が亡くなったのは張作霖《ちょうさくりん》爆殺事件が起きた翌年であった。

〈出　典〉鶴見祐輔編『後藤新平』第二巻、後藤新平伯伝記編纂会、一九三七年

〈参考文献〉北岡伸一『後藤新平』〈中公新書〉中央公論社、一九八八年

96 伊《い》藤《とう》博《ひろ》文《ぶみ》（一八四一―一九〇九）

大日本帝国憲法《だいにっぽんていこくけんぽう》の起草など明治国家の建設を主導した伊藤博文は長州《ちょうしゅう》藩士の出身である。実は伊藤は本来、農民の出だったが、父親の十蔵《じゅうぞう》（重蔵）が足軽の身分を買ったため少年時代に卒族《そつぞく》の身分を得ている。明治期にはしばしば豊臣秀吉《とよとみひでよし》に擬せられたものだ。因みに出身地も長門国《ながと》（長州）ではなく周防国《すおう》（防州《ぼうしゅう》）であった。長州藩出身の陸軍軍人はほとんどが山県《やまがた》系だが、児玉源太郎《こだまげんたろう》は伊藤同様周防の出身であり、児玉は伊藤に近かった。

伊藤は武士身分を得た後、木戸孝允《きどたかよし》の妹婿・来原良蔵《くりばらりょうぞう》の手下《てか》となり、やがて木戸の知遇を得た。木戸ら「維新の三傑」の死後は黒田清隆《くろだきよたか》・山県有朋《ありとも》とともに「明治中期の三傑」とも称すべき存在となり政治を主導する。伊藤は明治国家の整備を主導した関係上、さまざまな国家機構の初代となることが多く、「伊藤の初物食い」と揶揄された。参事院《さんじいん》議長・貴族院《きぞくいん》議長・首相・枢密院《すうみついん》議長・統監《とうかん》（韓国《かんこく》統監）などの初代に任じ、最初の本格政党・立憲政友会《りっけんせいゆうかい》の初代総裁に就任している。

伊藤はこの時代にあってはかなり珍しい一人っ子で、そのためもあってかプライドが高く扱いづら

いタイプの人物だった。明治七年（一八七四）の初入閣（参議《さんぎ》就任）に際しては木戸が後見人的存在として「ご承知の性格だが、大分丸くなって来たし、何かあれば自分が言って聞かせるので大丈夫」などとして関係者に推挙しているところにも、その一端がうかがわれる。後年、明治政府の主役となってからも困難や障害に見舞われると「文句があるなら私は辞める」「私を辞めさせたくなかったら、辞めないで済むような環境を作れ」という唯一性を利用した強者の戦法を乱用して周囲を困らせている。

伊藤は漢詩を好み、しばしば漢詩人の森槐南《もりかいなん》を旅に同行させていた（最後の旅となった満洲《まんしゆう》行にも同道している）。伊藤の指導者としての気概を示した有名な漢詩に、左のようなものがある。

豪気堂々大空に横たはる
日東誰をして帝威を隆からしめん
高楼傾け尽す三杯の酒
天下の英雄眼中に在り

堂々たる豪気を以て私は大空の下に寝そべる。日本において私以外の誰が天皇の御稜威《みいつ》を高めることができよう。今、高殿で三杯の酒に酔いしれているが、天下の英雄はすべて視界のうちにある。

要するに「日本には自分に勝る英雄などいない」といったところで、彼の師匠・木戸の「酔うては枕す美人の膝　醒めては執る天下の権」にも似て稚気溢れる維新の豪傑のエネルギー源を垣間見る。

（出　典）『伊藤公全集』第一巻、伊藤公全集刊行会、一九二七年
（参考文献）佐々木隆『伊藤博文の情報戦略』〈中公新書〉中央公論新社、一九九九年

97 平塚《ひらつか》らいてう（一八八六―一九七一）

平塚らいてうは本名・明《はる》、会計検査院の高官の三女として生まれ、日本女子大学校に学んだ。時期によっては「雷鳥」とも標記。「元始、女性は……」で始まる雑誌『青鞜《せいとう》』の創刊の辞で知られるが、彼女の名を世間に知らしめたのは夏目漱石《なつめそうせき》の門下生・森田草平《もりたそうへい》との心中未遂事件（塩原事件）である。森田は漱石の勧めで『東京朝日新聞』にらいてうをモデルとした『煤煙《ばいえん》』を執筆し物議を醸した（主人公の名は「朋子」）。らいてうは早くから閨秀文学会《けいしゅうぶんがくかい》など女子の文芸サークルに参加していたが、生田《いくた》長江《ちょうこう》の勧めで『青鞜』を創刊したのは明治四十四年（一九一一）夏のことである。青鞜はしばしば「踏」と誤記されるが、〝青い靴下〟のことで英語の blue stocking の訳語。一八世紀半ば、ロンドンのモンタギュー家に集まった文芸愛好家の女子が揶揄的・侮蔑的に Blue Stocking Society と呼ばれたことに由来する。この故事を逆説的に用いて命名したものである。左は有名な冒頭の一節である。

元始、女性は実に太陽であった。真生の人であった。

今、女性は月である。他に依って生き、他の光に依って輝く、病人のような蒼白い顔の月である。偖《さ》てここに「青鞜」は初声を上げた。

現代の日本の女性の頭脳と手によって始めて出来た「青鞜」は初声を上げた。

原始古代に理想郷を見出すのはいささかステレオタイプながら、男子中心の社会に異を唱えるらいてうの基本認識をうかがうことができる。『青鞜』の創刊号は「元始、女性は……」以外にも名文句を生み出した。それは与謝野晶子《よさのあきこ》が寄せた巻頭詩「そぞろごと」の一節「山の動く日来る／かく云へども人われを信ぜじ／山は姑く眠りしのみ」である。

先年の国政選挙で野党が善戦した折に女性党首がこの言葉を口にしたのを御記憶の向きもあるだろう。多分、この一節が元ネタだ。晶子はこうも言っている。「一人称にてのみ物書かばや　われは女ぞ　一人称にてのみ物書かばや　われは　われは」……。一時期もてはやされた〝一人称の言説〟はここに由来しているのである。らいてうと晶子は思想的には必ずしも相容れなかったが、『青鞜』の創刊に際しては二つの異なる個性が微妙に接触、光芒を放ったのである。

らいてうは必ずしも系統的な思索に基づいて動く人ではなく、寧ろ情念の人とも言えた。前述の塩原事件はその一例だが、内縁の夫（のちに正式に結婚）・奥村博史《おくむらひろし》との間の〝ツバメ〟事件も有名だ。今日に残る（女から見て）、年下の愛人・恋人の隠語〝ツバメ〟はこの事件に由来しているのである。

（出　典）小林登美枝『平塚らいてう』大月書店、一九七七年

98 大《おお》杉《すぎ》栄《さかえ》（一八八五―一九二三）

明治・大正期を代表するアナキズム運動家、思想家。関東大震災の混乱の中で、妻の伊藤野枝《いとうのえ》、甥の橘《たちばな》宗太郎《むねたろう》とともに憲兵隊に連行されて殺害された。

征服の事実がその頂上に達した今日においては、諧調《かいちょう》はもはや美ではない。美はただ乱調にある。諧調は偽りである。真はただ乱調にある。

「生の拡充」の一節。はじめ雑誌『近代思想』の大正二年（一九一三）七月号に掲載された。『近代思想』は大杉が荒畑寒村《あらはたかんそん》と大正元年一〇月に創刊し、途中一年ほどの中断を経て大正五年一月まで刊行された。大杉にとっては大正初年の主戦場である。

大杉は「生の拡充」掲載号の前号に、「征服の事実」と題する評論を掲載した。今日の社会における支配・被支配の関係は、種族間の闘争によって生ずる征服者と被征服者の関係に起源を持つという考え方である。征服国家説は、現在では否定される考え方であるが、フランツ・オッペンハイマーをはじめ、二〇世紀初頭の社会学者に広く支持された考え方である。一九二〇年代の日本においても、大山郁夫《おおやまいくお》や長谷川如是閑《はせがわにょぜかん》をはじめとする多元的国家論者に広く浸透していた。大杉の「征服の事実」はそれらにはるかに先んじている。

しかし一九二〇年代の多元論者の征服国家説が、征服に起源を持つ国家による支配を否定し、互助本能に立脚した搾取のない社会を夢想したのに対し、大正二年の大杉はより直截に「原始に帰る」ことを主張する。自己意識のなかった原始の自由時代に、「十分なる自己意識を提げて」帰ることを。

近代社会における「征服の事実」がその頂点に達しているとすれば、「生そのものの根本的性質」である生の拡充はどのようにして可能か。それは「ただ反逆によってのみ」達せられるのである。大杉の言に従うなら、すべての人間は、支配・被支配関係がなくならない限り、常に秩序に戦いを挑まなければならない。大杉のように生きるのはしんどいことなのだ（私は御免だ）。

大杉栄の運動者としての活動は、明治・大正期日本の社会運動史という狭い枠組みの中ですら、成功とは言い難い。にもかかわらず、大杉の個人としての生き方（態度）は、現在でも多くの人を惹きつけてやまない。周囲は迷惑なんだけどな。

（出　典）飛鳥井雅道編『大杉栄評論集』〈岩波文庫〉岩波書店、一九九六年
（参考文献）大杉栄全集編集委員会編『大杉栄全集』全一二巻別巻一、ぱる出版、二〇一四―一六年

99 大隈重信《おおくましげのぶ》（一八三八―一九二二）

佐賀《さが》鍋島《なべしま》藩出身、幕末には英学を学び尊王派として活動する。維新後は対外関係、財政制度、殖《しょく》産興業《さんこうぎょう》などの面で能力を発揮し、瞬く間に政府の中枢に昇り詰める。しかし、憲法制定・議会即時設置を強く主張したため明治一四年政変で罷免され、その後は立憲改進党《りっけんかいしんとう》の結成、早稲田大学《わせだだいがく》の創立など主に在野で活動する。明治三一年（一八九八）、憲政党《けんせいとう》を結成し内閣総理大臣に就任（隈板内閣《わいはんないかく》）、その後は政治から距離を置いていたが、大正三年（一九一四）に七七歳で再び首相に推される。

憲政の運用発達は、輿論《よろん》に支配さるるものであると云《い》う事は信じて疑わぬのである。輿論は凡《すべ》て知識ある階級によって導かるるものである。茲《ここ》に於《おい》て政治家は、国民の指導者となって国民を導く、輿論を導く。或《あ》る場合には輿論を制すると云う力がなくてはならぬのである。……此度《このたび》の解散によって、初めて憲法実施以来解散の理由を明らかにして、反対党の論ずる所と政府の論ずる所を対照して、聡明なる国民の前に訴えたと云う事は此度が始めてである。是《ここ》に於て翕然《きゅうぜん》として輿論は今起りつつあると信じますのである。是《こ》れは憲政の発達の為に甚《はなは》だ悦《よろこ》ぶべきことであると思います。

右は、大正四年三月二五日の衆議院《しゅうぎいん》議員総選挙直前の三月二日に、大隈がレコードに吹き込んだ有名な演説の一部である。文中の「翕然」とは、多くのものが一つに集まってくることを意味する。テロで右足を失った大隈は早稲田の自宅に技師を呼び、書斎と応接間の間の扉にラッパ型のマイクを据え付け、それに向かって原稿なしで演説をし、そのレコードを全国に配布した。このことも大きく影響して大隈与党は長年過半数を保ってきた政友会《せいゆうかい》を圧倒し、実際に輿論というものを動かしたのである。そして、日本の選挙は彼によって大きく流れを変え、以後の選挙では演説というものが選挙戦における主役となっていく。

文中にあるように彼は、政党政治家が「知識階級」に呼びかけて輿論を形成し、選挙に勝って政権を担当し、その上で「国民」を指導することを理想としていた。現代からみれば、いささか違和感もあろうが、当時彼の演説を聞いて最も熱狂したのはその「国民」であり、そんな彼らがこののち政治的な自覚を高め、また自らの力を自覚することで、デモクラシーの時代に突入していくことになる。

（出　典）早稲田大学編輯部編『大隈伯演説集　高遠の理想』早稲田大学出版部、一九一五年
（参考文献）揚妻祐樹「言語資料として見た大隈重信の演説「憲政に於ける輿論の勢力」（一）」『藤女子大学国文学雑誌』八一、二〇〇九年

100 吉野作造《よしのさくぞう》

（一八七八—一九三三）

いわゆる「大正デモクラシー」を象徴する論壇人・政治学者。『中央公論《ちゅうおうこうろん》』を主たる舞台に、政治の民主化を鼓吹《こすい》・啓蒙する多くの論説を発表するとともに、東大法学部で、のちに政治学者や労働・農民運動の指導者となる多くの学生を育てた。

いわゆる民本主義《みんぽんしゅぎ》とは、法律の理論上主権の何人《なんびと》にありやということは措《お》いてこれを問わず、ただその主権を行用するに当《あた》って、主権者は須《すべか》らく一般民衆の利福並びに意嚮《いこう》を重んずるを方針とす可しという主義である。即《すなわ》ち国権の運用に関してその指導的標準となるべき政治主義であって、主権の君主に在《あ》りや人民に在りやはこれを問うところでない。

吉野が「民本主義」を説いた、現在でも多くの高校日本史教科書に登場する「憲政の本義を説いてその有終の美を済《な》すの途を論ず」（『中央公論』一九一六年一月号）の一節。表題も長いが紙数も長大なこの論文が、吉野を一躍アカデミズムの人から論壇の寵児に押し上げた。ただし民本主義は吉野の造語ではない。吉野自身ものちには「民主主義」も使用している。

民本主義は吉野が言うように、「国権の運用に関してその指導的標準となるべき政治主義」であり、その内容は「一般民衆の利福並びに意嚮を重んずる」政治を行うべきだということに尽きる。したがってそれは突き詰めると社会民主主義に接近していく。吉野自身も、大正一五年（一九二六）の社会《しゃかい》民衆党《みんしゅうとう》結成にあたっては、安部磯雄《あべいそお》らと産婆役を果たしている。しかし実際には、選挙権を獲得した無産大衆は、吉野が期待したような政治的自覚を発揮するようには見えなかった。政党内閣時代の吉野は、いかにして「眠れる人民」の自覚を喚起するかに腐心し、嘆息するようになる。

もっとも、民主主義の理想の完成に資する有権者大衆の自覚とはどのようなものかは、今日に至るも答えるのが難しい問である。したがって、無産大衆の行動が吉野の期待に沿わなかったからといって、それは別に吉野の思想が中途半端だったことを意味するわけではないのである。

（出　典）岡義武編『吉野作造評論集』〈岩波文庫〉岩波書店、一九七五年
（参考文献）松尾尊兊他編『吉野作造選集』全一五巻別巻一、岩波書店、一九九五—九七年

101 賀川豊彦《かがわとよひこ》（一八八八―一九六〇）

兵庫県神戸市出身で大正・昭和期のキリスト教精神に基づいた社会運動家。明治学院《めいじがくいん》、神戸神学校《こうべしんがっこう》を卒業後、神戸のスラムに住みつき救貧活動を始める。第一次世界大戦の頃からは活動分野を大幅に広げ、「大衆の生活に即した新しい政治運動、社会運動、組合運動、農民運動、協同組合運動など、およそ運動と名のつくものの大部分は、賀川豊彦に源を発していると云っても、決して云いすぎではない」（大宅壮一「噫々賀川豊彦先生」『神はわが牧者』イエスの友大阪支部、一九六一年）と評された。

唯今《ただいま》の意見は至極《しごく》尤《もっと》もであるが、よく考えてみると、労働組合の本質を取り間違えていらるるように思います。剣によって立つものは、剣によって亡びます。我等の労働組合はそうした一時的の権力運動ではない筈《はず》であります。より根本的な、より本質的なものであります。

第一次世界大戦が終わると、欧米の論壇では「デモクラシー」など政治面に限らず、社会各分野において「改造」を求める声が高まった。この影響は瞬く間に日本にも広がり、大正八年（一九一九）

には『改造』という名の雑誌も発行され、さまざまな「改造」論を広めていた。なかでも、翌年から連載が始まった賀川豊彦の自伝的小説「死線を越えて」は非常に大きな反響を与え、すぐに単行本化されると、これも一〇〇万部を超す大ベストセラーとなった。内容は、煩悶する主人公新見栄一（賀川豊彦）が、やがて死線を越えて救貧活動や労働運動に邁進する姿を描くものであるが、ここで紹介した一節はその一部である。

この発言は、実際には大正九年一〇月四日の労働総同盟友愛会《ろうどうそうどうめいゆうあいかい》大会における賀川の発言で、この大会には荒畑寒村《あらはたかんそん》のマルクス主義や大杉栄《おおすぎさかえ》のサンディカリズムを支持する運動家も多数参加していた。ここで紹介した彼のことばには、荒畑らのような階級闘争、政治闘争に反対し、相互扶助、人道主義に基づいて自由に発達する労働組合をめざすべきであるという信念が表れていよう。こうしたなかで大正一〇年に戦前最大の労働争議といわれる川崎《かわさき》・三菱造船所争議《みつびしぞうせんじょそうぎ》が起こり、賀川が指導者として脚光を浴びることになった。しかし、結局は組合側の敗北に終わったために賀川への反発も強く、彼は労働運動から撤退することになった。こうして、彼は左翼的政治的労働運動の舞台からは姿を消したが、前述のように彼の蒔いた種は、生活協同組合、学生消費組合、医療組合、あるいは反戦運動、世界連邦運動のように今日においても各分野で実を結んでいる。

（出　典）賀川豊彦全集刊行会編『賀川豊彦全集』第一四巻所収、「死線を越えて」キリスト新聞社、一九六四年
（参考文献）武藤富男『評伝　賀川豊彦』キリスト新聞社、一九八一年

102 松岡洋右《まつおかようすけ》（一八八〇―一九四六）

明治末から昭和戦前期に活動した外交官、政治家。外務省退職後、満鉄《まんてつ》理事を経て昭和五年（一九三〇）に衆議院議員となる。満洲事変《まんしゅうじへん》後、リットン報告書をめぐる国際連盟《こくさいれんめい》総会に全権代表として派遣され、総会におけるリットン報告書の採択を受け、連盟脱退の演説ののち退場した。昭和一五年に成立した第二次近衛《このえ》内閣で外相に就任、日独伊三国同盟《にちどくいさんごくどうめい》締結を推進したが、近衛の日米交渉に反対して更迭される。戦後、A級戦犯容疑者として極東国際軍事裁判《きょくとうこくさいぐんじさいばん》の公判中に病死する。

人類は、嘗《かつ》て二千年前、ナザレのイエスを十字架に懸《か》けた。而《しか》も今日如何《どう》であるか？　諸君は所謂《いわゆる》世の輿論《よろん》とせられるものが誤っていないとは、果たして保証できようか？　我々日本人は現に試練に遭遇しつつあるのを覚悟している。ヨーロッパやアメリカのある人々は今、二十世紀に於ける日本を十字架に懸けんと欲して居るではないか？　諸君！　日本は将《まさ》に十字架に懸けられんとして居るのだ。然《しか》し我々は信ずる。確《かた》く確く信ずる。僅《わずか》に数年ならずして、世界の輿論は変るであろう。而してナザレのイエスが遂《つい》に世界に理解された如く、我々も亦《また》世界に依って理解されるであろうと。

昭和七年一二月八日の国際連盟総会における松岡洋右全権の、いわゆる「十字架上の日本」演説の一部である。原稿なしの英語による演説は一時間二〇分におよんだという。日本をナザレのイエスにたとえた部分は、演説全体のごく一部にすぎない。しかし『松岡全権大演説集』には、「十字架上の日本」と題して収録され、編者は、「我が外交に一つのエポック・メーキングをなす、悲壮そのものの演説」と興奮気味に記した。

演説集の編者は、日本人だけでなく各国の外交官にも感銘を与えたかのごとく記している。しかしいくつかの研究が示すように、松岡演説はむしろ逆効果だった。とりわけ自らをナザレのイエスに例えるレトリックは、キリスト教への冒涜《ぼうとく》ととらえられたという（『松岡洋右とその時代』）。松岡の英語力と雄弁を駆使した演説も、外交としては失敗であった。しかし日本のメディアや国民には、胸のすく演説だっただろう。そもそも脱退を企図していなかった松岡が、落胆を沈めるべく米国経由で帰国したとき、国民は歓呼の声で迎え、松岡は一躍英雄となった。

（出　典）松岡洋右述／竹内夏積編『松岡全権大演説集』大日本雄辯会講談社、一九三三年

（参考文献）松岡洋右伝記刊行会編『松岡洋右 その人と生涯』講談社、一九七四年。デービット・J・ルー著／長谷川進一訳『松岡洋右とその時代』TBSブリタニカ、一九八一年

103

小林一三《こばやしいちぞう》

（一八七三—一九五七）

山梨県出身の関西系大物財界人で阪急電鉄《はんきゅうでんてつ》創始者であり、私鉄経営のモデルを作った人物として知られる。慶応義塾《けいおうぎじゆく》を卒業後は三井銀行《みついぎんこう》に勤めるが、日露《にちろ》戦後に大阪に出て岩下清周《いわしたきよちか》の下で実業家として頭角を現す。明治四〇年（一九〇七）、のちに阪急電鉄となる箕面有馬電気軌道《みのおありまでんききどう》の専務に就任すると、住宅地、動物園、温泉場、宝塚歌劇団《たからづかかげきだん》、ターミナルデパートなど次々と建設して沿線開発に乗り出し、多くの成功を収めた。

凡《あら》ゆる方面に於《おい》て個人本位の娯楽の設備のみが充実して居る時、私はこの娯楽と云《い》うものは家庭に開放されなければならないと云う主張を持って居る一人でありますから、娯楽を家庭本位のものにするにはどうしても安く、多勢で楽しみ得るということを原則にしなければならないので、その結果、映画館であっても劇場であっても、安く大勢に御覧に入れるには所謂《いわゆる》大劇場主義でなければ出来ないと主張して来たので、又これを実行しつつあるのであります。

このことばは、満洲事変《まんしゅうじへん》以降の日中対立の出口がなかなか見えない昭和一〇年（一九三五）に書かれたもので、当時、演劇や映画でも東京に進出しようと試みていた小林一三の娯楽事業観を表している。周知のように、彼はすでに宝塚歌劇団で成功を収めていたが、昭和七年に株式会社東京宝塚劇場を設立し、二年後には観客席約三〇〇〇の東京宝塚劇場をオープン、さらに日劇《にちげき》、帝劇《ていげき》を傘下に収めるなど急速に事業を拡大していた。ライバル松竹《しょうちく》の大スター林長二郎《はやしちょうじろう》（長谷川一夫《はせがわかずお》）を東宝に移籍させたのは昭和一四年であった。

さて、このことばにあるように、小林の考え方は「家庭本位」という点にあった。従来、娯楽（道楽）といえば「飲む、打つ、買う」というイメージがあったなかで、小林は家庭が中心にあり、和洋を折衷した程度のモダンさがある、都市的で健康的で安価な大衆文化を見据えていたものと思われる。また、日比谷・有楽町地区を娯楽施設が機能的に連関したアミューズメントエリアにしようとする発想は、私鉄沿線開発のそれと相通ずるものがあろう。とすれば、小林一三なる人物は家族を基礎とした新たな大量消費生活スタイルを創造した人物と歴史的に評価できよう。もちろんこの背後には、経済人として緻密な調査や大胆な決断があったことは言うまでもない。

（出　典）小林一三『私の行き方』斗南書院、一九三五年

（参考文献）中川右介『松竹と東宝』〈光文社新書〉光文社、二〇一八年

104 広《ひろ》田《た》弘《こう》毅《き》（一八七八—一九四八）

極東国際軍事裁判《きょくとうこくさいぐんじさいばん》（東京裁判）で処刑された唯一の文官である。外交官として活躍したのち、斎藤《さいとう》実《まこと》、岡田啓介《おかだけいすけ》両内閣の外相に就任。二・二六事件後の昭和一一年（一九三六）三月、内閣を組織し、陸海軍大臣の現役制を復活させ、政治への軍の影響力を拡大させた。また日独伊三国枢軸につながる日独防共協定《にちどくぼうきょうきょうてい》を締結した。翌年六月に成立した近衛文麿《このえふみまろ》内閣の外務大臣として入閣するが、同年に勃発した日中全面戦争を政治・外交面から抑制することに失敗。終戦後、連合国軍最高司令官総司令部（GHQ）に拘束され、A級戦犯として昭和二三年一二月二三日死刑となった。

> 日本は東洋平和の維持を以て重大なる責務と考えて居りますので、其《その》点から申しましても東亜の大部分を占めて居る支那《しな》と日本との連絡と云うことが、一番重大な点であると思うのであります。

斎藤内閣の外相として、広田が昭和一〇年一月二八日に行った議会での答弁の一節である。これより先、広田は議会で中国との関係改善を外交方針の中心に据えた演説を行っていた。この頃の日本の動きに呼応するように、蔣介石《しょうかいせき》は長文「日本は敵か友か」を発表し、関係改善に意欲を示した。

欧米諸国の中国進出や、中国における「共同動作」に強い警戒心を抱いていた広田は、日本は東亜（東アジアを指す）における平和維持の唯一の礎であり、中国をめぐる国際問題は日本が中心になって解決していかなければならないと主張した。彼は、仮に欧米の中国進出が財政的・技術的援助であっても、必ず政治的意味を帯びるものだと指摘した。この認識が、昭和九年四月一七日に、外務省情報部長天羽《あもう》英二《えいじ》が独断で外相広田の対中国政策を発表した、天羽声明の核心的な部分になった。

日本軍は華北自治工作を推進し、いわゆる梅津《うめづ》・何応欽《かおうきん》協定（一九三五年六月成立、河北省内中国軍撤退・国民党機関閉鎖・排日活動禁止三項目）、土肥原《どいはら》・秦徳純《しんとくじゅん》協定（同年成立、国民党軍の察哈爾《チャハル》省撤退など）を中国側に押しつけた。広田は外交ルートを通じての話し合いを拒否するようになり、昭和一〇年一〇月、日本は外務、陸軍、海軍の合意に基づく広田三原則を中国側に通告した。東京裁判では、この時期の広田の中国政策が軍事力も辞さない強硬なものと厳しく追及された。

東京裁判での厳しい糾弾の一方、同情も多い。外交官だった守島《もりしま》伍郎《ごろう》は「できうる限りその地位に止まりつつ、軍部と妥協しつつ、軍部の無謀な行動を、あるいは抑制し、あるいは善導して行く、そこに苦業があり、苦心惨憺が存在する」と述べた（『昭和の動乱と守島伍郎の生涯』葦書房、一九八五年）。

（出　典）『官報』号外昭和一〇年一月二九日

（参考文献）臼井勝美『日中外交史研究　昭和前期』吉川弘文館、一九九八年

105 昭《しょう》和《わ》天《てん》皇《のう》（一九〇一—八九 在位一九二六—八九）

第一二四代天皇。名は裕仁《ひろひと》。幼名迪宮《みちのみや》。大正天皇の第一皇子。

昭和一一年（一九三六）二月二六日早朝、第一師団の一部を中心とする陸軍部隊が蜂起、首相官邸などを襲撃、首都を占領した。天皇側近の斎藤《さいとう》実《まこと》内大臣、長く大蔵大臣をつとめる重臣高橋《たかはし》是清《これきよ》、反皇道派の行動を取った渡辺《わたなべ》錠《じょう》太郎《たろう》教育総監等が殺害された。牧野《まきの》伸顕《のぶあき》前内大臣も襲撃された。二・二六事件である。事態を知った昭和天皇は、一貫して暴徒鎮圧を命じ続けた。しかし陸軍には決起軍に同調する意見も多く、二七日にようやく戒厳令《かいげんれい》が出された。陸軍を代表して天皇のそば近くに仕える侍従武官長本庄《ほんじょう》繁《しげる》は、決起軍に同情的であった。二七日、本庄は、部隊将校の行動は天皇の軍隊を勝手に動かすもので統帥権《とうすいけん》を犯す行為であるが、「其《その》精神に至りては、君国を思うに出でたるものにして、必ずしも咎《とが》むべきにあらず」と言上した。決起軍の精神は認められると述べたのである。それに対し天皇は次のように述べた。

朕《ちん》が股肱《ここう》の老臣を殺戮《さつりく》す、此《かく》の如《ごと》き兇暴の将校等、其《その》精神に於《おい》ても何の恕《じょ》すべきものありやと仰《おお》せられ、

又或時《あるとき》は、

朕が最も信頼せる老臣を悉《ことごと》く倒すは、真綿にて、朕が首を締むるに等しき行為なり、と漏らさる。

「私の頼みとする老臣を殺戮した。このような凶暴の将校たちに、国を思うという精神があったとしてもどこに許す事ができるところがあろうか」とおっしゃり、またあるときは、「私が最も信頼する老臣を全て倒すことは、真綿で、じわじわと私の首を絞めることに等しい行為である」とお漏らしになった。

さらに昭和天皇は、「朕自ら近衛師団《このえしだん》を率《ひき》い、此《これ》が鎮定に当らん」とまで発言する。昭和天皇は、元老西園寺公望《さいおんじきんもち》や牧野の補佐と欧州旅行の経験から、国際協調と政党政治を理想としていた。加えて牧野の天皇の政治指導を歓迎する輔導《ほどう》から、折々に政治意思を示す天皇となった。そのため天皇と天皇の側近集団（宮中グループ）は、国際協調・政党政治を維持する勢力と認定されることになる。政党内閣と対外問題への不満から、満洲事変《まんしゅうじへん》が勃発し、五・一五事件が起こる。昭和天皇の理想は形を失っていく。それでも天皇と側近集団は、陸軍を批判し、理想への復帰をともに語る政治集団であった。したがって二・二六事件のターゲットの一つは、まさしく天皇の側近集団であった。「真綿で首を絞める」という表現は、理想を少しずつ削り取られていた昭和天皇の実感であった。

〈出　典〉本庄繁『本庄日記』普及版、原書房、一九八九年

〈参考文献〉古川隆久『昭和天皇』〈中公新書〉中央公論新社、二〇一一年

106 有《あり》吉《よし》明《あきら》（一八七六―一九三七）

昭和前期の外交官、初代中華民国《ちゅうかみんこく》大使。中国に在勤する年数が長く、出先から意見を具申することで外交政策に影響を与え続けた。一九三二年九月満洲事変《まんしゅうじへん》による外交の難局を打開する使命を果たすべく、特命全権公使として中国に着任した。在任中、蔣介石《しょうかいせき》と汪兆銘《おうちょうめい》がリードする国民政府と辛抱強く交渉を重ね、陸軍による華北《かほく》への進出が激しさを増すなか、日中関係の安定化のため奔走した。

外交官というものは自国の大衆を喜ばせ、賞讃を得ようなどと考えることは、絶対に禁物である。……外交官はかえって国民から非難され、非難されつつ自己の使命を果さねばならない割の悪い役を引き受けているのだ。

この言葉について、中国大陸で有吉と親しく接していた松本重治《まつもとしげはる》は、「私たちにも口癖のようにいわれた言葉」と述べている。

満洲事変が一段落したあと、有吉明ら中国に駐在した外交官たちは宋子文《そうしぶん》ら国民政府の実力派と積極的に接触し、中国に自動車産業の可能性を積極的に提案した。有吉がめざしたのは、幣原《しではら》外相時代の中国政策を復活させ、経済政策を梃子に日中関係を改善させることであった。有吉の外交構想は欧米派の宋子文にも積極的に受け入れられ、日中の経済協力をめぐる議論が活発になっていった。

日中関係が急速に改善するなかで有吉公使は、中国への投資拡大、中国での日本製品の市場拡大、日中の国民感情の改善などについての具体策をまとめ、政府に提案した。両国の外交関係は、「公使」から「大使」に昇格した。しかし、有吉の対中国政策構想は激しい抵抗に晒された。満洲国参事官だった谷正之《たにまさゆき》は、「有吉大使の如きは、結局支那の御機嫌をとるためにのみ腐心している」と批判し、「軍の連中に非常に悪い感じをもたせる。とにかく、満洲国の独立を承認させるような努力をした気配すらないような大使では、軍と一緒になって行くわけには行かない」と強く牽制した。

逆風が吹き荒れるなかでも、有吉は中国との関係改善を訴え続けた。しかし、日中関係の根本的改善がみられないまま、一九三六年一月に帰朝命令が出され、まもなく辞任した。同年九月、『大阪朝日新聞』に寄稿した有吉は「日支両国は親善関係を持続して提携せぬ限りは東洋の平和にも貢献できないし、したがって両国のためにも不利益である」と指摘し、「両国当局は互に各自の内情に同情し合っていわゆる互譲の精神でこれを解決して行く方向に向うことが必要ではないか」と主張した。日本と中国が全面戦争に突入したのは一〇ヵ月後の一九三七年七月であった。

（出　典）『北支那』昭和一二年八月号

（参考文献）松本重治『上海時代』中央公論社、一九七七年

107 石射猪太郎《いしいいたろう》（一八八七―一九五四）

昭和戦前期の外交官。福島県西白河《にししらかわ》郡生まれ。明治三八年（一九〇五）八月に上海東亜同文書院《シャンハイとうあどうぶんしょいん》の第五期生として中国大陸に渡った。卒業後満鉄《まんてつ》に入社したが、まもなく退職。大正二年（一九一三）に文官高等試験に、同四年には外交官試験に合格して外務省に入省した。満洲事変《まんしゅうじへん》前の一九二九年から吉林《きつりん》総領事に在任し、満洲事変の処理をめぐって、陸軍と衝突した。昭和一二年（一九三七）四月にシャムから帰国し、佐藤尚武《さとうなおたけ》外務大臣のもとで外務省東亜局長に就任した。まもなく盧溝橋《ろこうきょう》事《じ》件《けん》が勃発したが、事件の早期終結に奔走した。

広田《ひろた》外務大臣がこれ程御都合主義な、無定見《むていけん》な人物であるとは思わなかった。所謂《いわゆる》非常時日本、殊に今度の様な事変に彼の如きを外務大臣に頂いたのは日本の不幸である。

一九三七年七月七日盧溝橋事件が勃発すると、石射は静養先から帰京した広田弘毅《ひろたこうき》外相を東京駅に出迎え、中国側を刺激することは絶対禁物であると力説し、閣議で動員案を食い止めるよう進言した。

しかし、石射の工作は功を奏せず、緊急閣議において動員案が可決された。このことを聞いた石射は一七日の日記に右のことを認《したた》めた。

石射は近衛《このえ》内閣の事変対策に強い不信感を抱いていた。近衛文麿《このえふみまろ》首相のことも、「近衛公の演説、答弁実に強硬一点張り、支那政府と支那軍を参ったと言わせるまで徹底的に膺懲《ようちよう》するという。彼は中身のないテンプラであるのだ」と厳しく評価した。

日中関係に対する石射の理解は、東亜同文書院時代の原体験に由来する。後年執筆された回想録で彼は、「私は、霞が関外交の伝統たる国際協調政策の一使徒たるに過ぎなかったが、中日関係についてはユートピア的の理想を温存していた。それは学生時代、同文書院で培われた中日両国の唇歯輔車観念から生育したもの」だ、と述べている。

内閣改造で宇垣一成《うがきかずしげ》が外相に就任すると、石射は「支那主権に制限を加えざること、蔣介石《しようかいせき》の下野を絶対の条件とはせざること、支那の内政に干与せざること、国民党の解消を要求せざること、経済提携に重点を置くこと」などを内容とする意見書を外相に提出し、和平の具体策を提案した。

外交官石射猪太郎の努力は、最終的には日中戦争の拡大を阻止することができなかったが、彼の理念は、彼が東亜局を去るまで、外務省の対中国政策に色濃く反映された。

〔出　典〕伊藤隆・劉傑編『石射猪太郎日記』中央公論社、一九九三年

〔参考文献〕石射猪太郎『外交官の一生』〈中公文庫〉中央公論社、一九八六年（改訂版二〇一五年）

108

西《にし》尾《お》末《すえ》広《ひろ》

（一八九一—一九八一）

大阪を地盤とする労働者出身の労働運動指導者。昭和三年（一九二八）の第一回普通選挙で衆議院議員に初当選。戦後は日本社会党結成に参加。書記長として片山内閣成立に尽力。芦田《あしだ》内閣副総理をつとめるが昭電事件《しょうでんじけん》で逮捕される。昭和三五年、日米安保条約への対応をめぐって社会党主流と対立し、民主社会党《みんしゅしゃかいとう》を結成する。

今日に於《お》いても我国は未曽有の変革を為《な》さんとして居る時であります。そうして御誓文《ごせいもん》の中には「旧来ノ陋習《ろうしゅう》ヲ破リ天地ノ公道ニ基クヘシ」、斯《こ》う云《い》う御趣旨も謳《うた》われて居るのでありまして、此《この》精神を近衛《このえ》首相はしっかりと把握致されまして、もっと大胆率直に日本の進むべき道は是であると、ヒットラーの如く、ムッソリーニの如く、あるいはスターリンの如く大胆に、日本の進むべき道を進むべきであろうと思うのであります。

一九三七年七月の盧溝橋事件《ろこうきょうじけん》に始まる日中全面戦争は、当初の予測に反して長期化し、翌年一月に近衛文麿《このえふみまろ》内閣は「国民政府を対手とせず」との声明を出し、経済の戦時体制下をめざす国家総動員法案を第七三回帝国議会に提出した。これは国家経済、国民生活の広汎な分野を統制の対象とするものだが、統制の具体的内容は示さず、別途勅令によるとする委任立法であった。そのため審議過程で憲法違反の疑義も出されたが、乱用を戒める付帯決議つきで可決された。

西尾の属する社会大衆党《しゃかいたいしゅうとう》は、戦時統制によって社会問題を解決する立場から、法案に全面的な支持を表明した。西尾は社会大衆党を代表して三月一七日の本会議で演説し、画期的国家統制であるとして近衛内閣を鞭撻《べんたつ》したが、最後に勢い余ってヒトラーの如く云々とやってしまったのである。議事録は「何を言うか」「取消せ」と叫ぶ者などで「議場騒然」と記している。結果として西尾は懲罰委員会に付され、議員を除名された（翌年の補欠選挙で返り咲く）。ちなみに議事速記録では、ヒトラーの如く以下の部分は削除されている。

議員除名は、時局の圧力の前に法案を通過させざるをえなかった政友会《せいゆうかい》、民政党《みんせいとう》などによる意趣返しのようなものであろう。西尾は昭和一五年の帝国議会においては、いわゆる「反軍演説」による斎《さい》藤隆夫《とうたかお》除名に反対して社会大衆党を除名されている。斎藤は国家総動員法案の委員会審議で辛辣な反対演説を行っていた。その斎藤除名に西尾が反対したことは、いわゆる戦時体制下の政治過程が、単純なものではなかったことを示している。

（出　典）江上照彦『西尾末広伝』「西尾末広伝記」刊行委員会、一九八四年

（参考文献）西尾末広『大衆と共に 私の半生の記録』世界社、一九五一年

109

汪《おう》兆《ちよう》銘《めい》（一八八三―一九四四）

中国の政治家。一八八三年五月四日、広東《カントン》省三水《さんしゆい》県に生まれる。字《あざな》は精衛。一九〇四年の夏、広東省から法政大学速成科に派遣する官費留学生の採用試験に合格し、来日した。一九〇五年、孫文《そんぶん》が中心になって組織された中国同盟会に参加し、その機関紙に健筆を揮《ふる》った。清朝を倒した一九一一年の辛亥《しんがい》革命後、同盟会の代表として、清朝が任命した内閣総理大臣袁世凱《えんせいがい》との和解に奔走した。一九二五年に死去した孫文の遺言書も執筆した。満洲事変《まんしゆうじへん》後、汪兆銘は蔣介石《しようかいせき》との協力政権を作り、「一面抵抗、一面交渉」の方針を打ち出し、日本との外交交渉を通して、日中間の懸案を解決する可能性を探り続けた。この路線は対日妥協と批判され、汪兆銘は一九三五年一一月一日に銃撃された。

日中戦争が長期化する一九三八年末、持久戦を主張する蔣介石と袂《たもと》を分かち、国民政府所在地の重慶《じゆうけい》を脱出して南京《ナンキン》に日本と協力する政府を組織した。一九四三年（昭和一八）一一月、東京で開催された大東亜会議《だいとうあかいぎ》に出席、翌四四年に病気治療のため再来日し、一一月一〇日に名古屋で死去した。

今後兄為其易、而弟為其難　―　今後、貴方は易しい道を行き、私は難しい道を選ぶ汪兆銘と行動を共にした周仏海《しゅうふつかい》によれば、汪は重慶を離れる直前、蔣介石宛ての手紙の末尾にこの言葉を記したという。抗戦が高調されるなか、日本との和平の可能性を探ることは売国奴と非難される情勢のなかであった。

日中戦争下の一九三八年一一月、戦争の早期終結をめぐって、日本側の代表と汪兆銘側の代表が正式会談を行い、撤兵の時期が不明確のまま「日華協議記録」が調印された。中国における日本の権益拡大の道が開かれた。汪兆銘の重慶脱出後、近衛文麿《このえふみまろ》首相が声明を発表し、「日満支三国は東亜新秩序の建設を共同の目的として結合し、相互に善隣友好、共同防共、経済提携の実をあげる」ことを呼びかけた。しかし、声明は「特定地点に日本軍の防共駐屯を認むる事」について触れたものの、「撤兵」の二文字がなかった。それでも汪兆銘は「日本には中国を亡国させる選択肢以外に、第二の道があるはずだ。それは中日合作だ」（香港『南華日報』一九三九年一月三〇日掲載の汪の談話）と公言し、対等な関係と平和の可能性を追求しつづけた。

しかし、日本占領下の南京で新国民政府を樹立した汪兆銘は、日本への不信を拭いきれず、上海《シャンハイ》を訪れた国粋主義思想の評論家室伏高信《むろぶせこうしん》に対し、「私が日本にだまされるのではないかと心配しているのです。私に好意をもってくれる人が、却って私のために心配し、そして私に忠告してくれるのです」（室伏高信『和平を語る』青年書房、一九三九年）と吐露していた。

（出　典）朱子家『汪政権的開場與収場』上、風雲時代出版股份公司、二〇一四年

（参考文献）倉沢愛子他編『支配と暴力』〈岩波講座 アジア・太平洋戦争7〉岩波書店、二〇〇六年

110 岸《きし》信《のぶ》介《すけ》（一八九六―一九八七）

昭和時代の官僚、政治家。少年時代から政治家を志望し、東京大学卒業後農商務省（のち商工省）に入る。満洲国《まんしゅうこく》建国後の一九三六年、同国国務院実業部総務司長として満洲に渡る。満洲での三年間は、満洲国の産業開発を主導し、革新官僚から政治家への脱皮を完成した。満洲で培われた力と人脈を生かして、東条《とうじょう》内閣の商工大臣として生産増強に指導力を発揮した。戦後、A級戦犯容疑者として三年間巣鴨プリズンで過ごしたが、起訴を免れた。政界に返り咲いた岸は、昭和三一年（一九五六）二月首相に就任し、内政に辣腕を振るう一方、延べ三〇ヵ国を訪問し、反共とアジア重視の外交を展開した。

満洲を振り返ってみると、下手ではあるかもしれんが、俺の描いた作品が満洲にずっと残るだろう。

これは、岸信介が満洲国の経済政策の実質的な最高責任者をつとめた後、大連《だいれん》を離れる前に述べたことばである。昭和五五年頃、「満洲は政治家岸信介にどんな影響を与えたのか」という原彬久《はらよしひさ》の質問に答えたとき、岸はこの往年の逸話を持ち出しつつ、「政治というのは、いかに動機がよくとも結果が悪ければ駄目だと思うんだ。場合によっては動機が悪くても結果がよければいいんだと思う」と言い切った。満洲国という「作品」は日本近代史上の見せ場であるならば、中国近代史に残した影響も大きかった。

役人として満洲に転出した岸を政治家に育て挙げたのは、満洲国の特別な政治的風土であった。議会が事実上存在しなかったため、官僚は政治にも神経をとがらせなければならなかった。岸は関東軍と協力しつつ、日常の行政を独自の理念で進めた。重要産業統制法《じゅうようさんぎょうとうせいほう》、第一次五ヵ年計画をリードしたほか、一九三八年には、満洲重工業開発株式会社を設立して、経済に対する統制の強化を実現した。満洲を離れた時には、満洲における政治、行政の基本形を形作ったという強い自負を持っていた。満洲での経験を経て、政治の世界では、何かを残すこと、付け加えること、開拓すること、要するに結果を出すことが大事だという信念が確立した。

岸は政界再編を主導して保守合同の五五年体制を作り上げ、安保改正を実現させた。いずれも日本の進路に決定的な影響を与える岸の「作品」であった。首相として結果を出せなかったのは、「憲法改正」と「北方領土返還」という二大課題であった。

（出　典）原彬久編『岸信介証言録』毎日新聞社、二〇〇三年
（参考文献）岸信介・矢次一夫・伊藤隆『岸信介の回想』〈文春学芸ライブラリー〉文芸春秋、二〇一四年

111 斎藤隆夫《さいとうたかお》（一八七〇―一九四九）

大正・昭和の代表的な政党政治家。立憲国民党《りっけんこくみんとう》、立憲同志会《りっけんどうしかい》、憲政会《けんせいかい》、立憲民政党《りっけんみんせいとう》などに所属した。浜口《はまぐち》内閣と斎藤《さいとう》内閣で二度にわたって内務政務次官をつとめたが、演説を通してその理念を主張し、存在感を示した。その演説が原因で昭和一五年（一九四〇）三月議員を除名されたが、同一七年の翼《よく》賛選挙《さんせんきょ》で議会に復帰した。戦後、吉田《よしだ》内閣と片山《かたやま》内閣の国務大臣をつとめた。

苟《いやしく》も国家の運命を担うて立つ所の実際政治家たる者は、唯徒《ただいたずら》に理想に囚わるることなく、国家競争の現実に即して国策立つるにあらざれば、国家の将来を誤ることがあるのであります。現実に即せざる所の国策は真の国策にあらずして一種の空想であります。

昭和一五年二月二日、第七五議会における斎藤隆夫演説の一節である。この演説は二・二六事件後に行われた第六九議会での演説と並んで、斎藤隆夫の政治思想を代表するものとして注目されてきた。しかし、彼が言わんとしていたことは何か、多くの研究者が戸惑っていたことも事実である（伊藤隆

「斎藤隆夫回顧七十年」解説）。そもそもこの演説が「支那事変《しなじへん》」を「冒涜《ぼうとく》」したことを理由に斎藤が衆議院から除名処分を受けたことは、演説の本質を混乱させている。

この演説は昭和一三年に二度にわたって発せられた「近衛声明」の「無責任」な一面を追及したものである。近衛声明に従えば、日本は中国の独立主権を尊重し、償金を要求せず、防共《ぼうきょう》地域以外からの撤兵などを実行しなければならないが、斎藤にしてみれば、「建国以来、未だかつて経験せざるところの大戦争」で大きな犠牲を払った日本にとって、これは非現実的である。だからこそ、東亜新《とうあしん》秩序《ちつじょ》のような、曖昧で空疎な理想論で事変の解決をめざす政府に対して、戦争の目的は何か、事変を解決する方法は何かについて、現実に即した説明を求めたのである。

具体的には、重慶《じゅうけい》の蔣介石《しょうかいせき》国民政府は南京《ナンキン》から奥地に遷都したものの、依然として中国を統治して抗戦を続けている。一方、近く成立する汪兆銘《おうちょうめい》政権は国内を統治する実力と、国際義務を履行する能力を有しない弱体政権である。斎藤が問うたのは、対重慶作戦と汪兆銘政権維持という二つの重荷に日本は耐えられるのか、という点であった。これが可能でなければ、日本を信用して重慶から脱出した汪兆銘に対する道義的責任をどのように果たすのか。斎藤はこの点にも強い関心を示していた。

要するに斎藤は、現実を誤魔化す理想論を一蹴し、「徹頭徹尾自国本位」に基づき、「自国の力を養成、強化する」ことを優先課題にしなければならないと主張したのである。

（出　典）斎藤隆夫先生顕彰会『斎藤隆夫政治論集』新人物往来社、一九九四年
（参考文献）斎藤隆夫『回顧七十年』〈中公文庫〉中央公論社、一九八七年

112 近衛文麿《このえふみまろ》（一八九一―一九四五）

政治家。貴族院《きぞくいん》議長、枢密院《すうみついん》議長をつとめたほか、昭和一二年（一九三七）六月、同一五年七月、そして同一六年七月の三度にわたって内閣を組織した。一九三七年の盧溝橋《ろこうきょう》事件《じけん》後、「国民政府を対手とせず」声明を発表し、戦争を長期化させた。再度内閣を組織したあと、日独伊《にちどくい》三国同盟《さんごくどうめい》を締結したが、日米交渉にも乗り出し、平和回復の試みをした。敗戦後、戦犯容疑に問われたなか、服毒自殺した。

僕の志は知る人ぞ知る。僕は米国に於《お》いてさえ、そこに多少の知己《ちき》が存することを確信する。

近衛が服毒する前に次男通隆《みちたか》の前で書いたメモの一部である。メモには、「支那事変《しなじへん》に責任を感ずればこそ、此事変解決を最大の使命とした。そして此解決の唯一の途は、米国との諒解にありとの結論に達し、日米交渉に全力を尽くしたのである」という一節も綴られた。

近衛がいう米国の「知己」には駐日大使ジョセフ・C・グルーが含まれていたに違いない。「支那事変」の解決をめぐる日米対立が危機的な局面に達していた頃、昭和一六年九月六日近衛はグルーと秘密の晩餐会と会談を行った。グルーの『滞日十年』によれば、この日の会談で近衛は、日米両国の関係が現在のような悲しむべき情勢に陥ったのは自分の責任であると認めた上で、ルーズベルト大統領との直接会談を呼びかけた。近衛は「今この機会を逸すれば、我々の生涯の間にはついにその機会が来ないであろう」（近衛文麿『失はれし政治』朝日新聞社、一九四六年、一二四頁）と認識していた。

近衛がグルーに伝えた首脳会談に向けての具体的提案は、独米が開戦しても日本は対米参戦しないこと、南北仏印と中国から撤兵すること、米国による対日経済制裁を緩和することなどであった。

しかし、日米交渉の結果を見ないまま、一〇月一六日近衛内閣は崩壊した。翌一七日朝、近衛からの私信がグルーのもとに届いた。手紙で近衛は、「私はあなたと貴国政府が内閣の変更あるいは新内閣の単なる外見や印象によって、あまり失望落胆されることなきよう、切に希望する」と書き、アメリカへの配慮をみせた。これに対する一七日付の返信でグルーは、「あなたの友情に満ちたお手紙は深く感銘して拝読した」と述べ、後継内閣も日米交渉を成功させるために努力するだろうという近衛の観測に、「心からの感謝」を表した。形式的なやりとりとはいえ、手紙でグルーが近衛に「最高の敬意と私的な尊敬の意」を表明したことは生命最後の時の近衛にとっていささかの慰めであったかもしれない。

（出　典）近衛文麿伝記編纂刊行会編『近衛文麿』下、弘文堂、一九五二年

（参考文献）古川隆久『近衛文麿』〈人物叢書〉吉川弘文館、二〇一五年

113 奥《おく》むめお

（一八九五—一九九七）

福井市に生まれ、日本女子大学を卒業。雑誌『一大帝国』『労働世界』記者を経て、婦人の地位向上、政治的権利獲得をめざす新婦人協会《しんふじんきょうかい》設立運動に参加（大正九年〈一九二〇〉発足）、平塚《ひらつか》らいてう、市川房枝《いちかわふさえ》とともに理事となる。大正一二年、職業婦人社《しょくぎょうふじんしゃ》を結成、雑誌『職業婦人』を創刊（のち『婦人と労働』『婦人労働』）。その後、消費組合運動、婦人セツルメント運動に従事。昭和二二年（一九四七）、第一回の参議院議員選挙に当選。同二三年主婦連合会結成、会長となる。

わたくし達の前途に輝きそめた希望の光は、婦人が自分の力を発見した喜びである。長い歳月をあきらめて、家族相手に愚痴をいうか、台所の片隅でため息をつくより外《ほか》なかった主婦たちが、団結して声をあげることにより、また日頃の問題をみんなで話し合うことに依《よ》って焦点をつかみ、それを社会の輿論《よろん》として解決してゆく道を知ったことは家庭の婦人たちにとって非常な希望の生活の到来である。この喜びを、ほんとうに私たちの生活の喜びにまで実を結ばせたいものである。

奥むめおは大正期から第二次大戦後まで活躍した婦人運動家である。奥の活動の特徴は、婦人参政権獲得運動などの政治運動や、労働組合運動に直接関わるのではなく、働く婦人や主婦の生活に密着した運動を志向したところにある。戦後の混乱と生活難の中で、その活動は消費者問題に集中していった。参議院議員として消費生活協同組合法制定（昭和二三年）に尽力したのはその現れだが、奥の名を高らしめたのは何といっても主婦連合会（主婦連）の活動である。

食料品をはじめとする生活物資のヤミ価格や不良品の糾弾などを主題に、全国に主婦大会が開かれ、官庁や業者への強力な働きかけが成果をあげた。「消費者問題のあるところ、必ず主婦連が現れる」と言われるようになり、昭和二六年の主食獲得運動にプラカードとして登場したしゃもじは、たちまち主婦連のシンボルとなった。「戦後強くなったのは靴下と女」と言われたとき、多くの人は主婦連を思い浮かべたはずである。

取り上げたことばは、『主婦連たより』の創刊号に奥が書いた「たのしい闘い」の一節である。主婦が「自分の力を発見」したことは、有権者、労働者についで、消費者というあり方もまた、社会を構成する主体として認められるようになったことを示している。

（出　典）『主婦連たより』創刊号、一九四八年一二月五日 http://v.rentalserver.jp/shufuren.net/cgi-bin/page.cgi?src=19481205-01.pdf

（参考文献）『野火あかあかと 奥むめお自伝』ドメス出版、一九八八年

114 大宅《おおや》壮《そう》一《いち》（一九〇〇―七〇）

戦前・戦後の論壇で活躍し、「マスコミの帝王」と呼ばれた評論家。東京大学文学部中退。在学中からジャーナリズムの世界に投じ、左翼的な評論家として活躍。戦時中は海軍徴用作家としてジャワで文化宣伝に従事する。戦後、論壇に復帰するとテレビでも活躍、「一億総白痴化」「口コミ」「太陽族」など、人口に膾炙《かいしゃ》した多くのことばを残した。

私は、名実ともに〝無思想人〟（〝無思想家〟というと〝無思想〟という思想をもっているように誤解される恐れがある）であることを天下に宣言したいと思うのである。

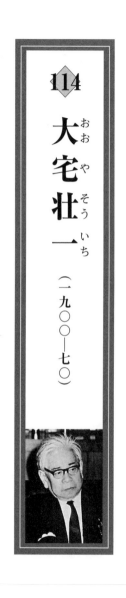

「「無思想人」宣言」の表題で『中央公論』の昭和三〇年（一九五五）五月号に掲載された。翌年出版の同題（タイトル表記は『〝無思想人〟宣言』）の単行本には、「三無」と題して「無帽子　無宗教　無主義　頭の上にのせるものは、私は何でもきらいである」という著者自身によるエピグラフがある。

漫画家で評論家の近藤《こんどう》日《ひ》出造《でぞう》が『中央公論』の「僕の診断書」欄で大宅を取り上げ、「思想的には

〝無〟の立場、無思想という〝思想〟のように思える」と評した（同年四月号）。大宅はこの指摘がいたく気に入ったと見えて、「さすがに名医の名診断だといわざるをえない」と述べている。「無思想という〝思想〟」の部分を修正して「無思想人」を宣言したのだろう。

とはいえ、世は未だにイデオロギーの時代であった。『中央公論』誌上でも、福田恒存《ふくだつねあり》と、平野義太郎《ひらのよしたろう》、清水幾太郎《しみずいくたろう》、中島健蔵《なかじまけんぞう》らの進歩的文化人との間で、平和論をめぐる論争が展開されていた。大学生の頃からジャーナリズムの世界が活動のすべてであった大宅にとって、「無思想人」を宣言することは高度な戦略的決断だったと思われる。「今のような社会で〝無思想〟で生きぬくためには、非常に強い個性と人格を必要とするのだ」という自負は、戦前・戦中・戦後の体験をふまえた、時代の「強そうな〝思想〟」に引きこまれて溺れないための決断であっただろう。

やがて世の中は、「〝思想〟とは知識人の帽子」であり、「ジャーナリズムとは〝無思想〟の別名だ」という、「宣言」時には諧謔にも偽悪にも見えた大宅の発言を、違和感なく受け容れるようになる。

（出　典）大宅壮一『「無思想人」宣言』〈講談社学術文庫〉講談社、一九八四年

（参考文献）大隈秀夫『裸の大宅壮一』三省堂、一九九六年。阪本博志『大宅壮一の「戦後」』人文書院、二〇一九年

115 吉田《よしだ》 茂《しげる》（一八七八―一九六七）

外交官、政治家。東京帝国大学法科大学を卒業後、外交官試験に合格した。昭和一四年（一九三九）に退官するまでの外交官生涯のなかで、奉天《ほうてん》総領事、外務次官、駐英大使として活躍した。奉天総領事時代は軍事力中心主義に異議を唱えたが、満洲《まんしゅう》における日本の権益を守るために強硬策も辞さなかった。しかし、英米との協調理念は吉田の外交政策論の基礎をなし、この点は戦後首相として活躍した時も変わらなかった。吉田は、アメリカからの再軍備要求を退け、経済中心主義の外交を展開した。

世界いずれの国も今日独立を以て国を守り得る国はない。

吉田が回想録の中で「共同防衛は世界の通念」という考えを披露した一節。この中で吉田は日本再軍備の議論を激しく批判した。再軍備に反対する理由として、国民レベルでは再軍備の心理的基盤が失われたこと、戦争に駆り立てられた国民の敗戦による傷跡はまだ癒やされていないこと、などを挙げているが、吉田の安全保障観の基礎に「国際協調」があった。昭和二六年九月七日に行われた講和条約受諾演説の最後に、吉田は「国際社会における新時代を待望し、国際連合憲章の前文にうたってあるような平和と協調の時代を待望する」と宣言し、協調への期待感を明らかにした。

「国際協調」の理念は外交官時代に培われた。奉天総領事として中国大陸に駐在した一九二七年頃、蔣介石《しょうかいせき》が率いる国民革命軍による北伐《ほくばつ》の進展に伴って、国権回復が叫ばれ、満洲にあった日本の特殊権益は中国ナショナリズムのターゲットになった。この新しい事態に対処するため、田中義一《たなかぎいち》首相は六月下旬に「東方会議《とうほうかいぎ》」を召集。会議に臨んだ吉田は、満洲における日本の強い立場を乱用することは禁物であり、「支那《しな》の主権は尊重」し、「支那国民運動の将来に付充分留意」すべきことを呼びかけた。同時に、欧米諸国との協調がなければ日本の権益も到底維持できないと認識した吉田は、日本の諸施策は「列国協同の動作に依るべく、殊に英国との完全なる了解を必要すべき」と強調した。

吉田のこの見方は芳澤謙吉《よしざわけんきち》公使ら外務官僚に共有された。しかし、芳澤が「支那の国民運動に対しては保証人の未成年者に対するが如き気持にて出来得る限り同情的態度を以て臨むの要あり」と述べたため、一部研究者は、吉田の中国認識は「憤激と軽蔑が主調をなしていた」と批判している（ジョン・ダワー『吉田茂とその時代』上・下〈中公文庫〉改版、中央公論新社、二〇一四年）。先に紹介した受諾演説の中で「古い日本の残骸の中から新しい日本が生れた」と語った吉田は、安全保障をアメリカに任せつつ、社会主義の中国との協調の可能性も探ったが、昭和二七年台湾《たいわん》の国民政府との国交回復を選んだ。

（出　典）吉田茂『回想十年』〈中公文庫〉中央公論社、一九九八年
（参考文献）吉田茂記念事業財団編『人間・吉田茂』中央公論社、一九九一年

116

田中角栄《たなかかくえい》（一九一八―九三）

昭和戦後の政治家。中央工学校卒業。兵役と土建業を経て、昭和二二年（一九四七）の総選挙で新潟三区から初当選した。岸信介《きしのぶすけ》内閣の郵政相を皮切りに、蔵相、党幹事長、通産相として、戦後日本の高度成長に貢献した。昭和四七年六月に『日本列島改造論』（日刊工業新聞社）を発表し、同年七月首相に就任した。田中内閣は外交面で中華人民共和国との国交正常化を実現させ、内政面では産業構造と地域構造の改革を唱えた。昭和五一年田中はロッキード事件で逮捕され、実刑判決を受けた。昭和六〇年脳梗塞で倒れ、平成五年（一九九三）に死去した。

私たちの現状は、厖大《ぼうだい》な官僚機構に依存して、行政府のつくった法案、政策のあと押しに甘んじる傾向が強い。これは官僚主導の政治であり、国民の求めているところが十分に反映されない政治である。

組閣直後の昭和四七年七月二五日、田中角栄は『自由新報』で総裁談話を発表し、政党主導の政治を高々と宣言した。メディアは五四歳の新首相が持つ、内外の情勢に敏感に反応する若さの可能性や、門閥や学閥と無縁の庶民的個性（『朝日新聞』一九七二年七月七日）に期待を寄せた。政治家田中角栄は強靱な指導力で内政と外交の一新を図り、日中国交回復と列島改造のプランをぶちあげた。政権の経済政策は失敗の連続であったが、日中関係の歴史的転換をやり遂げた。

角栄のリーダーシップの源泉はその奇抜な「経験主義」的価値観と稀にみる「人間力」「金力」と言われる。「政治は生活」というのが、角栄の信念であった。東西冷戦のなかで、毛沢東《もうたくとう》や周恩来《しゅうおんらい》と篤い信頼関係を築いたのは、彼らを共産主義者として忌み嫌うのではなく、苦労する創業者、自分の同業者と認識していたからである。周恩来と会談した角栄は「私が中国との国交正常化を決意した最大の理由は、中国共産党が国際共産主義の理念の下に行動しているのではないと考えたからである」と吐露した。田中の「人間力」を支えたのは、「政治の世界においては、味方を作ることも大切だが、敵を作らないことがもっと大切」という人間関係の摂理であった。派閥や政党を越えて議員に金銭的な援助を惜しまなかった角栄は、官僚を扱う手法に長けていた。角栄は言う。「官僚は、こっちが彼らのことをよく理解してやれば、つき合ってきますよ」。

（出　典）自由民主党編『自由民主党史』自由民主党、一九八七年

（参考文献）早坂茂三『政治家田中角栄』中央公論社、一九八七年

117 市川房枝《いちかわふさえ》（一八九三—一九八一）

愛知県の農家に生まれる。師範学校を卒業し教師、新聞記者などの職に就いたのち、大正八年（一九一九）に平塚《ひらつか》らいてうと日本初の婦人団体新婦人協会《しんふじんきょうかい》を設立し、大正一三年には婦人参政権獲得期《ふじんさんせいけんかくとくき》成同盟会《せいどうめいかい》を結成する。以後は婦人参政権獲得のために身を捧げる。昭和二〇年（一九四五）にそれが実現したのちは、公職追放《こうしょくついほう》の時期もあったが、参議院無所属議員として女性の地位向上や政治浄化のために精力的に活動した。

（婦人参政権の意味について、議員を選ぶという選挙権、自ら政治家になるという被選挙権のほかに）今一つ、婦人が公職に参加することも婦人参政権といいます。これは選挙ではなく、試験や任命によって公務員—即ち国家公務員とか地方公務員になり議会できまった法律や条令や予算を使って、直接一般国民に接触、奉仕する—即ち、行政に参加することです。

このことばは、婦人参政権行使三〇周年記念大会（昭和五一年）での市川の演説の一節である。平成二二年（二〇一〇）、当時の内閣は二〇二〇年までに社会のあらゆる分野で指導的地位の約三〇%を女性が占めるよう閣議で決定した。これは、女性の社会進出において日本が諸外国から著しく遅れていることを是正しようとするためであるが、市川は同じような主張をずっと以前からしていたのである。

選挙権や被選挙権ならばともかく、「実力」が必要と思われる指導的地位に、単に女性であるからという理由で任用してしまうことに抵抗を感じる方がいるかもしれない。これに対する市川の回答は明快である。つまり、彼女は同じ演説の中で、日本の女性議員の特徴として「権力意識が少ない」「金権政治をしない」「生活体験から身近な問題を取り上げる」などがよく挙げられるが、それは自分の期待と合致していてうれしいとも述べており、この言葉からさらに推測すれば、このような女性議員が指導的地位につき政策決定の中枢の場に参画すれば、女性問題の解決はおろか、日本政界の伝統が根本的に変革されることになるわけで、これこそが彼女の求めていたものと思われる。このことを現代の課題に置き換えてみると、三〇%という単なる量的な数値目標であっても、それが達成できれば、日本社会の質的構造改革につながることになろう。結果が判明するのはもうすぐである。

（出　典）市川房枝記念会監修『市川房枝集』第八巻、日本図書センター、一九九四年

（参考文献）山口美代子「解説　国会質疑にみる市川房枝の国会活動」縫田曄子編『市川房枝の国会全発言集』市川房枝記念会出版部、一九九二年

図版一覧

86小村寿太郎　国立国会図書館「近代日本人の肖像」
87山県有朋　国立国会図書館「近代日本人の肖像」
88明治天皇　宮内庁蔵
89与謝野晶子　国立国会図書館「近代日本人の肖像」
90大山巌　国立国会図書館「近代日本人の肖像」
91東郷平八郎　国立国会図書館「近代日本人の肖像」
92乃木希典　国立国会図書館「近代日本人の肖像」
93岡倉天心『岡倉天心先生略伝』国立国会図書館ウェブサイト
95後藤新平　国立国会図書館「近代日本人の肖像」
96伊藤博文　国立国会図書館「近代日本人の肖像」
97平塚らいてう　国立国会図書館「近代日本人の肖像」
98大杉栄『明治・大正・昭和歴史資料全集』国立国会図書館ウェブサイト
99大隈重信　国立国会図書館「近代日本人の肖像」
100吉野作造　国立国会図書館「近代日本人の肖像」
101賀川豊彦　賀川豊彦記念松沢資料館提供
102松岡洋右　国立国会図書館「近代日本人の肖像」
103小林一三　国立国会図書館「近代日本人の肖像」
104広田弘毅　国立国会図書館「近代日本人の肖像」
105昭和天皇『大阪朝日』一九三七年一月一日
107石射猪太郎　国立国会図書館「近代日本人の肖像」
108西尾末広　国立国会図書館「近代日本人の肖像」
110岸信介　国立国会図書館「近代日本人の肖像」
111斎藤隆夫　国立国会図書館「近代日本人の肖像」
112近衛文麿　国立国会図書館「近代日本人の肖像」
113奥むめお（一財）主婦会館提供
114大宅壮一　大宅壮一文庫提供
115吉田茂　国立国会図書館「近代日本人の肖像」
117市川房枝　国立国会図書館「近代日本人の肖像」

執筆者紹介【担当】―五十音順

有《あり》馬《ま》 学《まなぶ》　福岡市博物館長【75・93・94・98・100・102・108・113・114】

遠《えん》藤《どう》基《もと》郎《お》　東京大学史料編纂所教授【23・24・27・29・32】

大《おお》津《つ》 透《とおる》　東京大学大学院教授【10・15・16・17・19・20】

小《お》倉《ぐら》慈《しげ》司《じ》　国立歴史民俗博物館准教授【11・13・14・18・22】

神《かん》田《だ》千《ち》里《さと》　東洋大学教授【40・42・44・46・47】

小《こ》宮《みや》木《き》代《よ》良《ら》　東京大学史料編纂所教授【50・51・52・53】

佐《さ》々《さ》木《き》 隆《たかし》　聖心女子大学名誉教授【82・83・88・91・92・96・97】

佐《さ》藤《とう》孝《たか》之《ゆき》　東京大学名誉教授【48・55・71】

清《し》水《みず》克《かつ》行《ゆき》　明治大学教授【36・37・39・41】

季《すえ》武《たけ》嘉《よし》也《や》　創価大学教授【90・95・99・101・103・117】

高《たか》橋《はし》典《のり》幸《ゆき》　東京大学大学院准教授【25・28・30・34】

中《なか》村《むら》順《より》昭《あき》　元日本大学教授（二〇一九年没）【4・5・7・8・9】

西《にし》川《かわ》 誠《まこと》　川村学園女子大学教授【74・76・77・78・86・89・105】

箱石《はこいし》　大《ひろし》　東京大学史料編纂所准教授【67・68・72・73】
林《はやし》　譲《ゆずる》　駒沢大学教授【26・31・33】
藤井《ふじい》譲治《じょうじ》　京都大学名誉教授【49】
藤田《ふじた》　覚《さとる》　東京大学名誉教授【60・62・66】
松井《まつい》洋子《ようこ》　東京大学史料編纂所教授【56・59・70】
松澤《まつざわ》克行《よしゆき》　東京大学史料編纂所准教授【45・54・57・58・61】
宮崎《みやざき》ふみ子《こ》　恵泉女学園大学名誉教授【63・64・65・69】
村瀬《むらせ》信一《しんいち》　文部科学省教科書調査官【79・80・81・84・85・87】
森《もり》　公章《きみゆき》　東洋大学教授【1・2・3・6・12・21】
山家《やんべ》浩樹《こうき》　東京大学史料編纂所教授【35・38・43】
劉《りゅう》　傑《けつ》　早稲田大学教授【104・106・107・109・110・111・112・115・116】

人とことば

二〇二〇年（令和二）三月十日　第一版第一刷発行

人物叢書別冊　新装版

編集者　日本歴史学会
代表者　藤田　覚

発行者　吉川道郎

発行所　株式会社　吉川弘文館
東京都文京区本郷七丁目二番八号
郵便番号一一三―〇〇三三
電話〇三―三八一三―九一五一〈代表〉
振替口座〇〇一〇〇―五―二四四
http://www.yoshikawa-k.co.jp/

印刷＝株式会社 平文社
製本＝ナショナル製本協同組合

ISBN978-4-642-05399-0

『人物叢書』（新装版）刊行のことば

人物叢書は、個人が埋没された歴史書が盛行した時代に、「歴史を動かすものは人間である。個人の伝記が明らかにされないで、歴史の叙述は完全であり得ない」という信念のもとに、専門学者に執筆を依頼し、日本歴史学会が編集し、吉川弘文館が刊行した一大伝記集である。

幸いに読書界の支持を得て、百冊刊行の折には菊池寛賞を授けられる栄誉に浴した。

しかし発行以来すでに四半世紀を経過し、長期品切れ本が増加し、読書界の要望にそい得ない状態にもなったので、この際既刊本の体裁を一新して再編成し、定期的に配本できるような方策をとることにした。既刊本は一八四冊であるが、まだ未刊である重要人物の伝記についても鋭意刊行を進める方針であり、その体裁も新形式をとることとした。

こうして刊行当初の精神に思いを致し、人物叢書を蘇らせようとするのが、今回の企図である。大方のご支援を得ることができれば幸せである。

昭和六十年五月

日本歴史学会
代表者 坂本太郎

日本歴史学会編集

人物叢書〈新装版〉

▽没年順に配列　▽九〇三円〜二、四〇〇円（税別）
▽残部僅少の書目もございます。品切の節はご容赦ください。

日本武尊	上田正昭著
継体天皇	篠川賢著
聖徳太子	坂本太郎著
秦河勝	井上満郎著
蘇我蝦夷・入鹿	門脇禎二著
天智天皇	森公章著
額田王	直木孝次郎著
持統天皇	直木孝次郎著
柿本人麻呂	多田一臣著
藤原不比等	高島正人著
長屋王	寺崎保広著
県犬養橘三千代	義江明子著
山上憶良	稲岡耕二著
行基	井上薫著
橘諸兄	中村順昭著
光明皇后	林陸朗著
鑑真	安藤更生著
藤原仲麻呂	岸俊男著
阿倍仲麻呂	森公章著
道鏡	横田健一著
吉備真備	宮田俊彦著
早良親王	西本昌弘著
佐伯今毛人	角田文衛著
和気清麻呂	平野邦雄著
桓武天皇	村尾次郎著
坂上田村麻呂	高橋崇著
最澄	田村晃祐著
平城天皇	春名宏昭著
円仁	佐伯有清著
伴善男	佐伯有清著
円珍	佐伯有清著
菅原道真	坂本太郎著
聖宝	佐伯有清著
三善清行	所功著
藤原純友	松原弘宣著
紀貫之	目崎徳衛著
小野道風	山本信吉著
良源	平林盛得著
藤原佐理	春名好重著
紫式部	今井源衛著
慶滋保胤	小原仁著
一条天皇	倉本一宏著
大江匡衡	後藤昭雄著
源信	速水侑著
源頼光	朧谷寿著
藤原道長	山中裕著
藤原行成	黒板伸夫著
藤原彰子	服藤早苗著
源頼義	元木泰雄著
清少納言	岸上慎二著
和泉式部	山中裕著
源義家	安田元久著
大江匡房	川口久雄著
奥州藤原氏四代	高橋富雄著
藤原頼長	橋本義彦著
藤原忠実	元木泰雄著
源頼政	多賀宗隼著
平清盛	五味文彦著
源義経	渡辺保著
西行	目崎徳衛著
後白河上皇	安田元久著
千葉常胤	福田豊彦著
源通親	橋本義彦著
文覚	山田昭全著
畠山重忠	貫達人著
法然	田村圓澄著
栄西	多賀宗隼著
北条義時	安田元久著
大江広元	上杉和彦著
北条政子	渡辺保著
慈円	多賀宗隼著
明恵	田中久夫著

藤原定家　村山修一著
北条泰時　上横手雅敬著
道元　竹内道雄著
北条重時　森幸夫著
親鸞　赤松俊秀著
北条時頼　高橋慎一朗著
日蓮　大野達之助著
阿仏尼　田渕句美子著
北条時宗　川添昭二著
一遍　大橋俊雄著
叡尊・忍性　和島芳男著
京極為兼　井上宗雄著
金沢貞顕　永井晋著
菊池氏三代　杉本尚雄著
新田義貞　峰岸純夫著
花園天皇　岩橋小弥太著
赤松円心・満祐　高坂好著
卜部兼好　冨倉徳次郎著
覚如　重松明久著
足利直冬　瀬野精一郎著
佐々木導誉　森茂暁著
二条良基　小川剛生著
細川頼之　小川信著
足利義満　臼井信義著
今川了俊　川添昭二著
足利義持　伊藤喜良著

世阿弥　今泉淑夫著
上杉憲実　田辺久子著
山名宗全　川岡勉著
経覚　酒井紀美著
一条兼良　永島福太郎著
亀泉集証　今泉淑夫著
蓮如　笠原一男著
宗祇　奥田勲著
万里集九　中川徳之助著
三条西実隆　芳賀幸四郎著
大内義隆　福尾猛市郎著
ザヴィエル　吉田小五郎著
三好長慶　長江正一著
今川義元　有光友學著
武田信玄　奥野高広著
朝倉義景　水藤真著
浅井氏三代　宮島敬一著
織田信長　池上裕子著
明智光秀　高柳光寿著
大友宗麟　外山幹夫著
千利休　芳賀幸四郎著
松井友閑　竹本千鶴著
豊臣秀次　藤田恒春著
ルイス・フロイス　五野井隆史著
足利義昭　奥野高広著
前田利家　岩沢愿彦著

長宗我部元親　山本大著
安国寺恵瓊　河合正治著
石田三成　今井林太郎著
真田昌幸　柴辻俊六著
最上義光　伊藤清郎著
前田利長　見瀬和雄著
高山右近　海老沢有道著
島井宗室　田中健夫著
淀君　桑田忠親著
片桐且元　曽根勇二著
徳川家康　藤井譲治著
藤原惺窩　太田青丘著
支倉常長　五野井隆史著
徳川秀忠　山本博文著
伊達政宗　小林清治著
天草時貞　岡田章雄著
立花宗茂　中野等著
宮本武蔵　大倉隆二著
小堀遠州　森蘊著
徳川家光　藤井譲治著
由比正雪　進士慶幹著
佐倉惣五郎　児玉幸多著
林羅山　堀勇雄著
松平信綱　大野瑞男著
国姓爺　石原道博著
野中兼山　横川末吉著

保科正之　小池　進著
隠　　元　平久保章著
徳川和子　久保貴子著
酒井忠清　福田千鶴著
朱　舜水　石原道博著
池田光政　谷口澄夫著
山鹿素行　堀　勇雄著
井原西鶴　森　銑三著
松尾芭蕉　阿部喜三男著
三井高利　中田易直著
河村瑞賢　古田良一著
徳川光圀　鈴木暎一著
契　　沖　久松潜一著
市川団十郎　西山松之助著
伊藤仁斎　石田一良著
徳川綱吉　塚本　学著
貝原益軒　井上　忠著
前田綱紀　若林喜三郎著
近松門左衛門　河竹繁俊著
新井白石　宮崎道生著
鴻池善右衛門　宮本又次著
石田梅岩　柴田　実著
太宰春台　武部善人著
徳川吉宗　辻　達也著
大岡忠相　大石　学著
賀茂真淵　三枝康高著

平賀源内　城福　勇著
与謝蕪村　田中善信著
三浦梅園　田口正治著
毛利重就　小川國治著
本居宣長　城福　勇著
山村才助　鮎沢信太郎著
木内石亭　斎藤　忠著
小石元俊　山本四郎著
山東京伝　小池藤五郎著
杉田玄白　片桐一男著
塙　保己一　太田善麿著
上杉鷹山　横山昭男著
大田南畝　浜田義一郎著
只野真葛　関　民子著
小林一茶　小林計一郎著
大黒屋光太夫　亀井高孝著
松平定信　高澤憲治著
菅江真澄　菊池勇夫著
島津重豪　芳　即正著
狩谷棭斎　梅谷文夫著
最上徳内　島谷良吉著
渡辺崋山　佐藤昌介著
柳亭種彦　伊狩　章著
香川景樹　兼清正徳著
平田篤胤　田原嗣郎著
間宮林蔵　洞　富雄著

滝沢馬琴　麻生磯次著
調所広郷　芳　即正著
橘　守部　鈴木暎一著
黒住宗忠　原　敬吾著
水野忠邦　北島正元著
帆足万里　帆足図南次著
江川坦庵　仲田正之著
藤田東湖　鈴木暎一著
二宮尊徳　大藤　修著
広瀬淡窓　井上義巳著
大原幽学　中井信彦著
島津斉彬　芳　即正著
月　　照　友松圓諦著
橋本左内　山口宗之著
井伊直弼　吉田常吉著
吉田東洋　平尾道雄著
緒方洪庵　梅溪　昇著
佐久間象山　大平喜間多著
真木和泉　山口宗之著
高島秋帆　有馬成甫著
シーボルト　板沢武雄著
高杉晋作　梅溪　昇著
川路聖謨　川田貞夫著
横井小楠　圭室諦成著
小松帯刀　高村直助著
山内容堂　平尾道雄著

江藤新平　杉谷　昭著
和宮　武部敏夫著
西郷隆盛　田中惣五郎著
ハリス　坂田精一著
森有礼　犬塚孝明著
松平春嶽　川端太平著
中村敬宇　高橋昌郎著
河竹黙阿弥　河竹繁俊著
寺島宗則　犬塚孝明著
樋口一葉　塩田良平著
ジョセフ＝ヒコ　近盛晴嘉著
勝海舟　石井　孝著
臥雲辰致　村瀬正章著
黒田清隆　井黒弥太郎著
伊藤圭介　杉本　勲著
福沢諭吉　会田倉吉著
星亨　中村菊男著
中江兆民　飛鳥井雅道著
西村茂樹　高橋昌郎著
正岡子規　久保田正文著
清沢満之　吉田久一著
滝廉太郎　小長久子著
副島種臣　安岡昭男著
田口卯吉　田口　親著
福地桜痴　柳田　泉著
陸羯南　有山輝雄著
児島惟謙　田畑　忍著
荒井郁之助　原田　朗著
幸徳秋水　西尾陽太郎著
ヘボン　高谷道男著
石川啄木　岩城之徳著
乃木希典　松下芳男著
岡倉天心　斎藤隆三著
桂太郎　宇野俊一著
徳川慶喜　家近良樹著
加藤弘之　田畑　忍著
山路愛山　坂本多加雄著
伊沢修二　上沼八郎著
秋山真之　田中宏巳著
前島密　山口　修著
成瀬仁蔵　中嶌　邦著
前田正名　祖田　修著
大隈重信　中村尚美著
山県有朋　藤村道生著
大井憲太郎　平野義太郎著
河野広中　長井純市著
富岡鉄斎　小高根太郎著
大正天皇　古川隆久著
津田梅子　山崎孝子著
豊田佐吉　楫西光速著
渋沢栄一　土屋喬雄著
有馬四郎助　三吉　明著
武藤山治　入交好脩著
坪内逍遙　大村弘毅著
山室軍平　三吉　明著
阪谷芳郎　西尾林太郎著
南方熊楠　笠井　清著
山本五十六　田中宏巳著
中野正剛　猪俣敬太郎著
三宅雪嶺　中野目　徹著
近衛文麿　古川隆久著
河上肇　住谷悦治著
牧野伸顕　茶谷誠一著
御木本幸吉　大林日出雄著
尾崎行雄　伊佐秀雄著
緒方竹虎　栗田直樹著
石橋湛山　姜　克實著
八木秀次　沢井　実著

▽以下続刊